新분카일본어

가장 빠른 시간 내에 **초급일본어** 끝내는 책

SHIN Bunka Japanese

completed by Bunka Institute of Language

1

머리말

『文化日本語Ⅰ・Ⅱ』(원제 : 文化初級日本語Ⅰ・Ⅱ)는 1987년 4월에 출판된 이래, 국내외의 일본어 교육 기관에서 폭넓게 사용되어 왔습니다. 출판부터 지금까지 많은 분들로부터 조언을 받고, 이들 의견을 집약・검토했는데, 그 과정에서 『文化日本語』의 새로운 과제가 명확해졌습니다. 또 출판 이후 13년간은 일본 경제・사회 정세가 크게 변화했던 시기이기도 합니다. 이런 변화는 일본어 교육 현장에도 적지 않은 영향을 미쳤습니다. 이와 같은 시대적 흐름에 발맞추고 학교 안팎에서 모아진 의견을 교과서에 반영시키기 위해, 1996년부터 『文化日本語』의 개정 작업에 착수하게 되었습니다.

개정 작업은 학습자가 보다 알기 쉬워하는 교과서는 어떤 것인가를 항상 염두에 두고, 학습자 및 현장 교사의 시점에서 진행했습니다. 구체적으로는, 『文化日本語』의 일본어 학습에 대한 기본적인 생각(☞이 책의 특징과 구성 참조)을 근거로 해서 새로운 발상도 첨가하여 아래와 같은 점을 중심으로 개정했습니다.

본문

일본의 경제・사회 정세의 변화에 따라 화제가 시대와 맞지 않는 것, 본문의 장면 실정이 학습자와 관련이 없어 학습 항목을 이해하기 어려운 것에 대해서는 전면 개정했습니다. 또 학습 항목을 보다 쉽게 이해하도록 하기 위해 거의 모든 과의 본문을 일부 개정했습니다.

(전면 개정한 과 – 18과, 26과, 32과, 33과, 34과)

文型 Sentence Pattern

모든 문형에 대해서 예문을 다시 검토하여, 예문을 개정 및 추가했습니다. 각 과에서 학습할 문형은 기본적으로 『文化日本語』와 같은데, 명사 수식과 수수(授受)표현 등과 같이 몇 과에 걸쳐 학습하는 것은 교과서 전체를 통해 각각의 난이도・제출 순서 등을 다시 한번 검토하고, 필요에 따라 예문 내용 및 제출 순서를 바꾸었습니다.

또한, 『文化日本語』에서 신출 활용형・접속형 등은 활용표 등을 사용해서 나타냈는데, 이번 개정에서는 그 범위를 넓혀 명사 수식 등도 도식화해서 보다 알기 쉽게 했습니다.

練習 Exercise

문형과 마찬가지로 모든 연습을 다시 검토하여, 개정 및 추가했습니다. 또, 각 과의 학습 항목을 다시 한번 검토하고, 필요한 부분에는 새로운 연습을 추가했습니다.

이 책의 특징과 구성

1. 이 책의 특징

이 책은 앞으로 일본 대학과 전문학교에 진학하기를 바라며, 일본어를 처음 배우는 학습자를 위한 교과서로, 매개어를 쓰지 않는 수업에서 사용하는 것을 전제로 한다.

일본에서 고등교육을 받으려는 유학생에게, 초급 일본어 학습은 다음 조건을 충족시키지 않으면 안 된다. 첫째, 문법을 체계적으로 습득하고, 장래 고등교육을 받기에 충분한, 높은 적응력을 쌓을 수 있는 토대를 만든다. 둘째, 일본에서 생활하면서 일상 직면하는 장면에서 커뮤니케이션을 할 수 있도록 한다. 이 책에서는 이 두 가지 측면에서 학습자의 능력을 키우는 것을 목표로 하고 있다. 구체적으로는 문형을 현실적인 장면에 적용해서 제시하면서 실력을 쌓을 수 있도록 방침을 세웠다. 매개어를 사용하지 않는 학습에서는 새로운 문형을 도입할 때, 그것이 사용되는 장면과 상황, 결국 누가 어디서 어떤 목적으로 사용했나를 구체적으로 나타내는 것이 이해의 실마리로 가장 중요하다. 그래서 일상 생활 장면 안에서 문형의 의미를 알기 쉽도록 학습자의 생활과 관련 깊은 것을 선택해 본문 스토리를 구성했다. 또 학습자의 이해를 시각적으로 돕고, 장면의 이미지를 생생하게 전달하기 위해 일러스트를 많이 사용했다.

학습자에게 있어서 문형 습득은 추상적인 이해와 기계적인 연습만을 가리키는 것이 아니라, 실제로 그것이 사용되어야 할 상황에서 바르게 사용할 수 있어야만 한다. 이 책의 본문에서는 학습자가 같은 장면에 직면할 경우, 단어를 바꿔서 자기 의사를 표현할 수 있도록 배려했다.

『新文化日本語Ⅰ・Ⅱ』(원제 : 新文化初級日本語Ⅰ・Ⅱ)의 총 학습 시간은, 히라가나, 가타카나의 도입과 응용 독해, 청해, 작문, 회화 지도 등을 합해 300~350시간을 기준으로 한다. 총 어휘 수는 약 1900단어이다.

2. 전체 구성

이 책은 생활회화와 36과로 이루어져 있다(1권은 생활회화에서 18과까지, 2권은 19과부터 36과까지 수록되어 있다). 생활회화에서는 인사와 생활하기 위해 최소한 필요한 물건사기 표현을 실었다. 1과에서 36과까지는 앞에서 말한 편집 방침에 근거하여, 문형이 자연스럽게 행해지는 장면으로 스토리를 구성해서, 하나의 과를 구성했다. 각 과의 학습 항목은 3~10개 정도이다. 항목 제출 순서는 쉬운 것부터 어려운 것으로 이동하는 것을 원칙으로 하고, 자연스러운 장면 구성을 고려해서, 이미 앞에서 다룬 것에 새로운 것을 덧붙여 학습하도록 했다.

3. 각 과의 구성

각 과는 〈본문〉〈문형〉〈연습〉으로 이루어져 있다. 그리고 각 과 끝에 〈연습문제〉를 실었으며, 부록으로 〈복습〉을 실어 다시 한번 배운 내용을 정리할 수 있도록 했다.

또한 CD를 통해 들을 수 있는 부분은 로 표시했다.

본문

본문은 학습자가 일본 생활에서 흔히 겪게 되는 장면이나 흥미를 줄 수 있는 장면 안에서 문형을 제시했다. 본문은 주로 회화문이며, 편지나 일기도 있다. 과에 따라 본문을 모델 회화•모델 작문으로 다루는 것과 이해 중심으로 다루는 것으로 나눌 수 있다.

文型 Sentence Pattern

그 과에서 배울 신출 문형을 보여 주고, 실제 발화로 연결시킬 수 있도록 예문을 몇 개 제시했다. 새로운 활용 등 필요에 따라 활용표나 도표를 제시했다.

練習 Exercise

신출 학습 항목을 발화와 결부시키기 위한 짧은 말넣기 연습이다. 학습자가 의미를 충분히 이해하고, 자기 표현으로 정착시키는 것을 목표로 한다.

✿ 가나 표기

가나 표기는 현대 가나표기에 따라 통일했다. 한자에 대해서는 상용한자를 기준으로 했는데, 상용한자표에 포함되지 않아도 한자로 표기되는 경우가 많은 것(誰 등)은 한자로 제시했다. 18과까지는 학습자의 한자에 대한 부담을 덜어 주기 위해 모든 한자에 독음을 달았지만, 19과부터는 신출어에만 독음을 달았다.

「교사용 지침서」를 원하시는 분은 본사로 연락바랍니다.

차례

등장인물

佐藤(さとう)　武(たけし)
(会社員(かいしゃいん))

吉田(よしだ)　良子(よしこ)
(大学生(だいがくせい))

鈴木(すずき)　一郎(いちろう)
(会社員(かいしゃいん))

鈴木(すずき)　幸子(さちこ)
(会社員(かいしゃいん))

チン
(台湾(たいわん)からの留学生(りゅうがくせい))
＊鈴木一郎(すずきいちろう)の知(し)り合(あ)い

小野　京子
（音楽大学の学生）
＊吉田良子の友人

ワン・シューミン
（香港からの 留 学生）

マリー・ジジョンラク
（タイからの 留 学生）

リー
（中 国からの 留 学生）

西条　敬子
（会社員）

アルン・アマラポーン
（タイからの 留 学生）

生活会話（せいかつかいわ）

1 あいさつ 1-02

すみません。
いいえ。

どうぞ。
ありがとうございます。
③
いいえ。

第3研究室

どうぞ。
失礼(しつれい)します。
第3研究室

はじめまして。佐藤(さとう)です。
どうぞよろしくお願(ねが)いします。
はじめまして。田中(たなか)です。
どうぞよろしく。

2 コーヒーをください。

1-03

（店(みせ)で）

A ハンバーガーは

いくらですか。

B 200円(にひゃくえん)です。

A ハンバーガーと

コーヒーをください。

B はい。

A いくらですか。

B 350円(さんびゃくごじゅうえん)です。

ハンバーガー

サンドイッチ

アイスクリーム

カレー

スパゲッティ

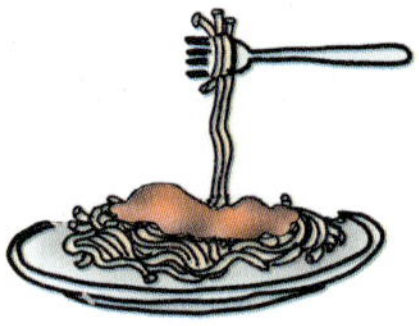

ラーメン

サラダ

うどん

そば

定食(ていしょく)

コーヒー

紅茶(こうちゃ)

牛乳(ぎゅうにゅう)

コーラ

ジュース

水(みず)

数（かず）

0　ゼロ／れい

1　いち

2　に

3　さん

4　よん／し

5　ご

6　ろく

7　なな／しち

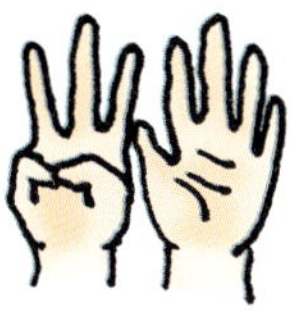

8　はち

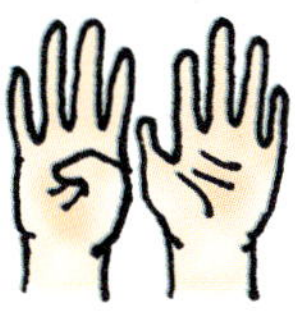

9　きゅう／く

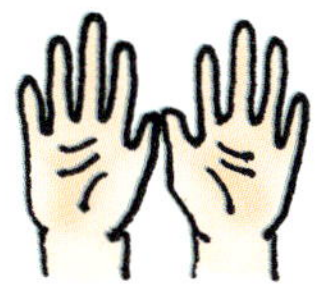

10　じゅう

11　じゅういち
12　じゅうに
13　じゅうさん
14　じゅうよん／じゅうし
15　じゅうご
16　じゅうろく
17　じゅうなな／じゅうしち
18　じゅうはち
19　じゅうきゅう／じゅうく
20　にじゅう
30　さんじゅう
40　よんじゅう
50　ごじゅう
60　ろくじゅう
70　ななじゅう／しちじゅう
80　はちじゅう
90　きゅうじゅう
100　ひゃく

200　にひゃく
300　さんびゃく
400　よんひゃく
500　ごひゃく
600　ろっぴゃく
700　ななひゃく
800　はっぴゃく
900　きゅうひゃく

1,000 せん／いっせん　　2,000 にせん

3,000 さんぜん　　4,000 よんせん

5,000 ごせん　　6,000 ろくせん

7,000 ななせん　　8,000 はっせん

9,000 きゅうせん

10,000 いちまん

100,000 じゅうまん

1,000,000 ひゃくまん

10,000,000 いっせんまん

100,000,000 いちおく

125 ひゃく　にじゅうご

849 はっぴゃく　よんじゅうきゅう

3,562 さんぜん　ごひゃく　ろくじゅうに

18,793 いちまん　はっせん　ななひゃく　きゅうじゅうさん

練習 Exercise

a. いくらですか。

日本(にほん)の お金(かね)

1-04

1円(いちえん)

5円(ごえん)

10円(じゅうえん)

50円(ごじゅうえん)

100円(ひゃくえん)

500円(ごひゃくえん)

千円(せんえん)

5千円(ごせんえん)

1万円(いちまんえん)

Jump up!

書きましょう

1 絵を見て例のように正しいものに○をつけなさい。

例 ⓐ ハンバーガー
b. ヘンベッガー
c. ハンバーガ

6. a. そば
b. そうば
c. そおば

1. a. サントイチ
b. サッドイッチ
c. サンドイッチ

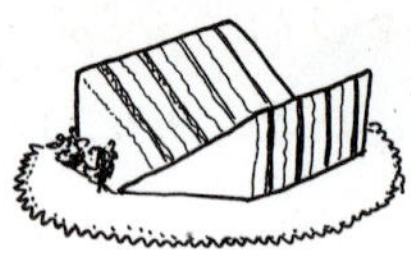

7. a. コーラ
b. コオラア
c. コーダー

2. a. うろん
b. うどん
c. うどうん

8. a. スハゲテイ
b. スパゲッティ
c. スパケッティ

3. a. てしょうく
b. ていしょく
c. てえしょく

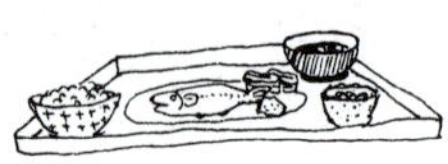

9. a. アイスクリム
b. アーイスクーリム
c. アイスクリーム

4. a. こうちゃ
b. こちゃあ
c. こっちゃ

10. a. サラダ
b. サーラダ
c. サダーダ

5. a. コーヒ
b. コオヒー
c. コーヒー

11. a. ぎゆうにゆう
b. ぎゅーにゅー
c. ぎゅうにゅう

2 絵を見て例のように正しく並べ変えなさい。

例  ヒ コ ー ー → コーヒー

1.  ち ゃ こ う → ______

2. 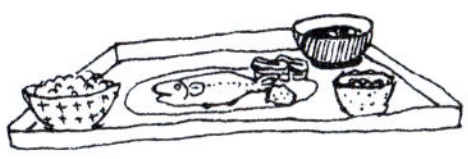 い く て し ょ → ______

3.  ィ テ ゲ パ ッ ス → ______

4.  ス イ リ ー ア ク ム → ______

3 絵を見て例のように書きなさい。

例  300 円 カレーは 300 円です。

1. 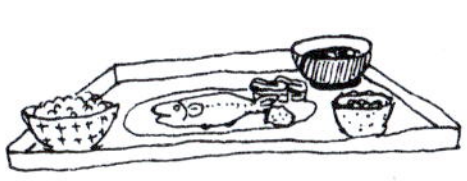 420 円 ______

2. 

150 円 ______

3.  230 円 ______

1 テストは9時(くじ)10分(じっぷん)からです。

1-05

テストは9時(くじ)10分(じっぷん)からです。

学生(がくせい)　すみません。

先生(せんせい)　はい。

学生(がくせい)　今日(きょう)のテストは何時(なんじ)からですか。

先生(せんせい)　9時(くじ)10分(じっぷん)からです。

学生(がくせい)　何時(なんじ)まででですか。

先生(せんせい)　10時(じゅうじ)まででです。

　　　テストは9時(くじ)10分(じっぷん)から10時(じゅうじ)まででです。

学生(がくせい)　どうもありがとうございます。

先生(せんせい)　いいえ、どういたしまして。

文型 sentence pattern

1-06

1 時間（じかん）

いちじ

にじ

さんじ

よじ

ごじ

ろくじ

しちじ

はちじ

くじ

じゅうじ

じゅういちじ

じゅうにじ

8時半（はちじはん）

11時半（じゅういちじはん）

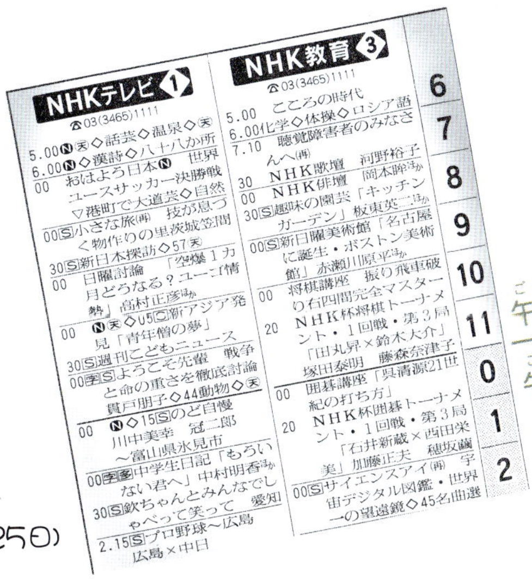
NHKテレビ 1
☎03(3465)1111
5.00 N 天◇話芸◇温泉◇天
6.00 N◇漢詩◇八十八か所
00 おはよう日本 N 世界ユースサッカー決勝戦▽港町で大道芸◇自然
00 S 小さな旅(再) 技が息づく物作りの里茨城笠間
30 S 新日本探訪◇57 天
00 日曜討論「空爆1カ月どうなる？ユーゴ情勢」高村正彦ほか
00 N 天◇05 C 新アジア発見「青年僧の夢」
30 S 週刊こどもニュース
00 字 S ようこそ先輩 戦争と命の重さを徹底討論 貫戸朋子◇44動物◇天
00 N◇15 S のど自慢 川中美幸 冠二郎～富山県氷見市
00 字 多 中学生日記「もういない君へ」中村明香ほか
30 S 欽ちゃんとみんなでしゃべって笑って 愛知
2.15 S プロ野球～広島 広島×中日

NHK教育 3
☎03(3465)1111
5.00 こころの時代
6.00 化学◇体操◇ロシア語
7.10 聴覚障害者のみなさんへ(再)
30 NHK歌壇 河野裕子
00 NHK俳壇 岡本眸ほか
30 S 趣味の園芸「キッチンガーデン」板東英二ほか
00 S 新日曜美術館「名古屋に誕生・ボストン美術館」赤瀬川原平ほか
00 将棋講座 振り飛車破り石田流完全マスター
20 NHK杯将棋トーナメント・1回戦・第3局「田丸昇×鈴木大介」藤森奈津子
00 囲碁講座「呉清源21世紀の打ち方」塚田泰明
20 NHK杯囲碁トーナメント・1回戦・第3局「石井新蔵×西田栄美」加藤正夫 穂坂繭
00 S サイエンスアイ(再) 宇宙デジタル図鑑・世界一の望遠鏡◇45名曲選

6 7 8 9 10 11 0 1 2

午前（ごぜん）
午後（ごご）

（日本経済新聞 1999年4月25日）

1：05　いちじ　ごふん

1：10　いちじ　じっぷん

1：15　いちじ　じゅうごふん

1：20　いちじ　にじっぷん

1：25　いちじ　にじゅうごふん

1：30　いちじ　さんじっぷん／いちじ　はん

1：35　いちじ　さんじゅうごふん

1：40　いちじ　よんじっぷん

1：45　いちじ　よんじゅうごふん

1：50　いちじ　ごじっぷん

1：55　いちじ　ごじゅうごふん

1時(いちじ) 45分(よんじゅうごふん)
2時(にじ) 15分前(じゅうごふんまえ)

1時(いちじ) 50分(ごじっぷん)
2時(にじ) 10分前(じっぷんまえ)

1時(いちじ) 55分(ごじゅうごふん)
2時(にじ) 5分前(ごふんまえ)

2

A 1時(いちじ)ですか。
B はい、1時(いちじ)です。

A 何時(なんじ)ですか。
B 1時(いちじ)です。

(1) A 9時10分(くじじっぷん)ですか。
B はい、9時10分(くじじっぷん)です。

(2) A 9時(くじ)ですか。
B いいえ、9時10分(くじじっぷん)です。

3

テストは9時10分(くじじっぷん)から10時(じゅうじ)までです。

(1) A 銀行(ぎんこう)は何時(なんじ)からですか。
B 9時(くじ)からです。

(2) A デパートは何時(なんじ)までですか。
B 6時(ろくじ)までです。

4

今日(きょう)のテストは9時10分(くじじっぷん)から10時(じゅうじ)までです。

(1) 4時間目(よじかんめ)の授業(じゅぎょう)は1時(いちじ)からです。

(2) 日本(にほん)の郵便局(ゆうびんきょく)は9時(くじ)から5時(ごじ)までです。

(3) A 学校(がっこう)の食堂(しょくどう)は何時(なんじ)から何時(なんじ)までですか。
B 11時(じゅういちじ)から6時半(ろくじはん)までです。

(4) A 午後(ごご)のテストは何時(なんじ)からですか。
B 2時(にじ)からです。

1	9:10 ~ 10:00
2	10:10 ~ 11:00
3	11:10 ~ 12:00
昼休(ひるやす)み	12:00 ~ 1:00
4	1:00 ~ 1:50
5	2:00 ~ 2:50

練習 Exercise

a. 例(れい)のように言(い)いましょう。

1-07

例

A すみません。今何時(いまなんじ)ですか。

B 4時50分(よじごじっぷん)です。

（5時10分前(ごじじっぷんまえ)です。）

A どうもありがとうございます。

B いいえ、どういたしまして。

1. 10：00　　2. 12：00　　3. 2：35　　4. 7：15

5. 6：45　　6. 5：00　　7. 8：30

b. 下(した)の絵(え)を見(み)て言(い)いましょう。

2

1-08

休(やす)みはいつですか。

学生(がくせい)　休(やす)みはいつですか。

先生(せんせい)　土曜日(どようび)と日曜日(にちようび)です。

文型 sentence pattern

1-09

5 曜日(ようび)

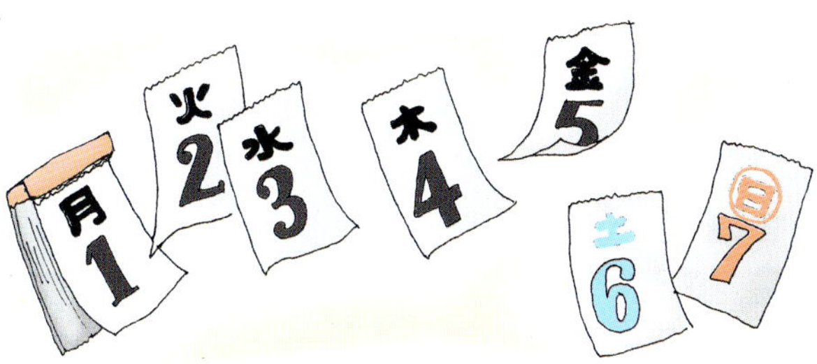

月曜日	げつようび
火曜日	かようび
水曜日	すいようび
木曜日	もくようび
金曜日	きんようび
土曜日	どようび
日曜日	にちようび
(何曜日	なんようび)

(1) *A*　テストは何曜日(なんようび)ですか。

B　月曜日(げつようび)です。

1-10

6 〜月(がつ)〜日(にち)

1月	いちがつ	2月	にがつ
3月	さんがつ	4月	しがつ
5月	ごがつ	6月	ろくがつ
7月	しちがつ	8月	はちがつ
9月	くがつ	10月	じゅうがつ
11月	じゅういちがつ	12月	じゅうにがつ
(何月	なんがつ)		

1日	ついたち	2日	ふつか
3日	みっか	4日	よっか
5日	いつか	6日	むいか
7日	なのか	8日	ようか
9日	ここのか	10日	とおか
11日	じゅういちにち	14日	じゅうよっか
19日	じゅうくにち	20日	はつか
24日	にじゅうよっか	29日	にじゅうくにち
(何日	なんにち)		

7

A テストは**いつ**ですか。
B 月曜日(げつようび)です。

(1) **A** 夏休(なつやす)みはいつからですか。
B 7月 26 日(しちがつにじゅうろくにち)からです。

8

A　休(やす)みはいつですか。

B　土曜日(どようび)と日曜日(にちようび)です。

(1) A　テストはいつですか。

B　7月　21　日と　22　日です。
(しちがつにじゅういちにち　にじゅうににち)

いちがつ
1月

にがつ
2月

さんがつ
3月

しがつ
4月

ごがつ
5月

ろくがつ
6月

しちがつ
7月

はちがつ
8月

くがつ
9月

じゅうがつ
10月

じゅういちがつ
11月

じゅうにがつ
12月

日木(にほん)の祝日(しゅくじつ)

1月1日(いちがつついたち)	元旦(がんたん)
1月第2月曜日(いちがつだいにげつようび)	成人(せいじん)の日(ひ)
2月11日(にがつじゅういちにち)	建国記念(けんこくきねん)の日(ひ)
* 3月21日(さんがつにじゅういちにち)	春分(しゅんぶん)の日(ひ)
4月29日(しがつにじゅうくにち)	みどりの日(ひ)
5月3日(ごがつみっか)	憲法記念日(けんぽうきねんび)
5月4日(ごがつよっか)	国民(こくみん)の祝日(しゅくじつ)
5月5日(ごがついつか)	こどもの日(ひ)
7月20日(しちがつはつか)	海(うみ)の日(ひ)
9月15日(くがつじゅうごにち)	敬老(けいろう)の日(ひ)
* 9月23日(くがつにじゅうさんにち)	秋分(しゅうぶん)の日(ひ)
10月第2月曜日(じゅうがつだいにげつようび)	体育(たいいく)の日(ひ)
11月3日(じゅういちがつみっか)	文化(ぶんか)の日(ひ)
11月23日(じゅういちがつにじゅうさんにち)	勤労感謝(きんろうかんしゃ)の日(ひ)
12月23日(じゅうにがつにじゅうさんにち)	天皇誕生日(てんのうたんじょうび)

Jump up!

書きましょう

1 例(れい)のように正(ただ)しいものに○をつけなさい。

例 1月 { いっ / (いち) / い } がつ

1. 2月 { に / にい / にっ } がつ

2. 3月 { きん / さっ / さん } がつ

3. 4月 { し / よん / よ } がつ

4. 5月 { ごう / ご / こ } がつ

5. 6月 { ろっ / むい / ろく } がつ

6. 7月 { な / しち / ちし } がつ

7. 8月 { はち / はっ / ほち } がつ

8. 9月 { く / きゅう / くう } がつ

9. 10月 { じっ / じゅ / じゅう } がつ

10. 11月 { じゅういち / じゅいち / じっいじ } がつ

11. 12月 { じゅっに / じゆうに / じゅうに } がつ

2 絵(え)を見(み)て正(ただ)しいものに○をつけなさい。

例

4	日 Sun	月 Mon	火 Tue	水 Wed	木 Thu	金 Fri	土 Sat
							1
	2	3	4	5	6	7	8
	9	10	11	12	13	14	15
	16	17	18	19	20	21	22
	23/30	24	25	26	27	28	29

にじ / (にち) / こち } ようび

4	日 Sun	月 Mon	火 Tue	水 Wed	木 Thu	金 Fri	土 Sat
							1
	2	3	4	5	6	7	8
	9	10	11	12	13	14	15
	16	17	18	19	20	21	22
	23/30	24	25	26	27	28	29

1. げっ / けつ / げつ } ようび

4	日 Sun	月 Mon	火 Tue	水 Wed	木 Thu	金 Fri	土 Sat
							1
	2	3	4	5	6	7	8
	9	10	11	12	13	14	15
	16	17	18	19	20	21	22
	23/30	24	25	26	27	28	29

2. が / か / かい } ようび

4	日 Sun	月 Mon	火 Tue	水 Wed	木 Thu	金 Fri	土 Sat
							1
	2	3	4	5	6	7	8
	9	10	11	12	13	14	15
	16	17	18	19	20	21	22
	23/30	24	25	26	27	28	29

3. すい / す / すう } ようび

4	日 Sun	月 Mon	火 Tue	水 Wed	木 Thu	金 Fri	土 Sat
							1
	2	3	4	5	6	7	8
	9	10	11	12	13	14	15
	16	17	18	19	20	21	22
	23/30	24	25	26	27	28	29

4. まく / もぐ / もく } ようび

4	日 Sun	月 Mon	火 Tue	水 Wed	木 Thu	金 Fri	土 Sat
							1
	2	3	4	5	6	7	8
	9	10	11	12	13	14	15
	16	17	18	19	20	21	22
	23/30	24	25	26	27	28	29

5. きん / ぎ / さん } ようび

4	日 Sun	月 Mon	火 Tue	水 Wed	木 Thu	金 Fri	土 Sat
							1
	2	3	4	5	6	7	8
	9	10	11	12	13	14	15
	16	17	18	19	20	21	22
	23/30	24	25	26	27	28	29

6. どう / とう / ど } ようび

3 絵を見て例のように正しく並べ変えなさい。

例 　き よ う び ん → きんようび

1. 　う よ す び い → ＿＿＿＿

2. 　く も び う よ → ＿＿＿＿

3.

3

日 Sun	月 Mon	火 Tue	水 Wed	木 Thu	金 Fri	土 Sat
			1	2	3	4
5	6	7	8	9	10	11
12	13	14	15	16	17	18
19	20	21	22	23	24	25
26	27	28	29	30	31	

さ が ん つ → ＿＿＿＿

4.

8

日 Sun	月 Mon	火 Tue	水 Wed	木 Thu	金 Fri	土 Sat
		1	2	3	4	5
6	7	8	9	10	11	12
13	14	15	16	17	18	19
20	21	22	23	24	25	26
27	28	29	30	31		

つ は ち が → ＿＿＿＿

5.

10

日 Sun	月 Mon	火 Tue	水 Wed	木 Thu	金 Fri	土 Sat
1	2	3	4	5	6	7
8	9	10	11	12	13	14
15	16	17	18	19	20	21
22	23	24	25	26	27	28
29	30	31				

う じ ゅ つ が → ＿＿＿＿

6.

12

日 Sun	月 Mon	火 Tue	水 Wed	木 Thu	金 Fri	土 Sat
					1	2
3	4	5	6	7	8	9
10	11	12	13	14	15	16
17	18	19	20	21	22	23
24/31	25	26	27	28	29	30

に う つ じ ゅ が → ＿＿＿＿

4 絵を見て例のように書きなさい。

例

11

日 Sun	月 Mon	火 Tue	水 Wed	木 Thu	金 Fri	土 Sat
1	2	(3)	4	5	6	7
8	9	10	11	12	13	14
15	16	17	18	19	20	21
22	23	24	25	26	27	28
29	30					

（じゅういち）月

（みっか）

1.

9

日 Sun	月 Mon	火 Tue	水 Wed	木 Thu	金 Fri	土 Sat
		1	2	3	4	5
6	7	(8)	9	10	11	12
13	14	15	16	17	18	19
20	21	22	23	24	25	26
27	28	29	30			

（　　　　）月

（　　　　）

2.

4

日 Sun	月 Mon	火 Tue	水 Wed	木 Thu	金 Fri	土 Sat
						1
2	3	4	5	6	7	8
9	10	11	12	13	14	15
16	17	18	19	(20)	21	22
23/30	24	25	26	27	28	29

（　　　　）月

（　　　　）

練習問題

1 例(れい)のように書(か)きなさい。

例　ごじ

3. よじよんじゅうごふん

1. はちじはん

4. さんじごふんまえ

2. くじじっぷん

5. じゅういちじ

2 絵を見て例のように書きなさい。

9：00 ～3：00

9：00 ～5：00

11：00 ～6：30

10：00 ～7：00

例 ひるやすみ は、じゅうにじからいちじまでです。

1. ＿＿＿＿＿＿＿＿は、じゅうじからしちじまでです。

2. ＿＿＿＿＿＿＿＿は、くじからさんじまでです。

3. ＿＿＿＿＿＿＿＿は、じゅういちじからろくじはんまでです。

4. ＿＿＿＿＿＿＿＿は、くじからごじまでです。

5. ＿＿＿＿＿＿＿＿は、くじじっぷんからにじごじっぷんまでです。

3 　　の中(なか)から適当(てきとう)な言葉(ことば)を選(えら)んで記号(きごう)を書(か)きなさい。

a. いつまで　b. なんようび　c. いつ　d. いつから

例 A 休(やす)みは＿c＿ですか。
B 土曜日(どようび)と日曜日(にちようび)です。

1. A テストは＿＿＿＿ですか。
B 月曜日(げつようび)です。

2. A 今日(きょう)は＿＿＿＿ですか。
B 火曜日(かようび)です。

3. A 夏休(なつやす)みは＿＿＿＿ですか。
B 8月1日(はちがつついたち)からです。
A ＿＿＿＿ですか。
B 8月31日(はちがつさんじゅういちにち)までです。

4 例(れい)のように書(か)きなさい。

例 月曜日(げつようび)…火曜日(かようび)…　＿なんようび＿

1. 1時(いちじ)……2時(にじ)……　＿＿＿＿＿＿

2. 1月(いちがつ)……2月(にがつ)……　＿＿＿＿＿＿

3. 11日(じゅういちにち)……12日(じゅうににち)……　＿＿＿＿＿＿

5 カレンダーを見(み)て例(れい)のように書(か)きなさい。

4月

日	月	火	水	木	金	土
					1	[1] ②
例 ③	[2] ④	5	6	7	[3] ⑧	9
10	11	12	13	[4] ⑭	15	16
17	18	19	20	21	22	23
24	25	26	27	28	[5] ㉙	30

9月

日	月	火	水	木	金	土
				[6] ①	2	3
4	[7] ⑤	6	[8] ⑦	8	[9] ⑨	10
11	12	13	14	15	16	17
18	19	[10] ⑳	21	22	23	24
25	26	27	28	29	30	

例 しがつみっか

1. ____________________
2. ____________________
3. ____________________
4. ____________________
5. ____________________
6. ____________________
7. ____________________
8. ____________________
9. ____________________
10. ____________________

6 ＿＿にひらがなをひとつ書(か)きなさい。

学生(がくせい)　すみません。

先生(せんせい)　はい。

学生(がくせい)　今日(きょう)＿＿テストは何時(なんじ)＿＿ ＿＿ですか。

先生(せんせい)　9時10分(くじじっぷん)＿＿ ＿＿です。

学生(がくせい)　何時(なんじ)＿＿ ＿＿ですか。

先生(せんせい)　10時(じゅうじ)＿＿ ＿＿です。

テストは9時10分(くじじっぷん)＿＿ ＿＿10時(じゅうじ)＿＿ ＿＿です。

学生(がくせい)　どうもありがとうございました。

先生(せんせい)　いいえ、どういたしまして。

2 これは誰（だれ）のテープですか。

1-11

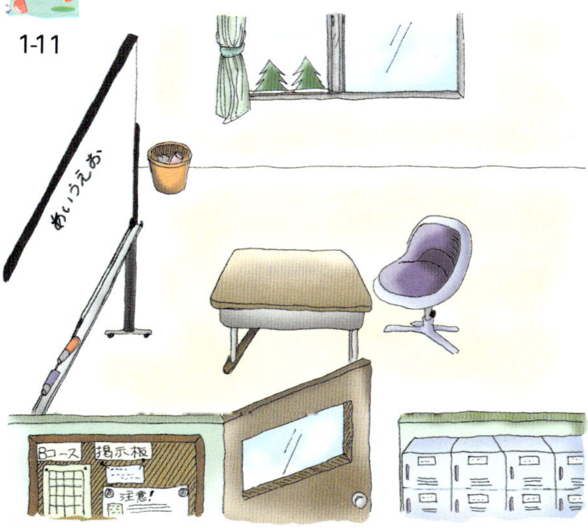

いす
机（つくえ）
ごみ箱（ばこ）
窓（まど）
カーテン
マーカー
ホワイトボード
ドア
ロッカー
掲示板（けいじばん）

教科書（きょうかしょ）
ノート
消（け）しゴム
えんぴつ
シャープペンシル
ボールペン
テープ
テープレコーダー
辞書（じしょ）
時計（とけい）
めがね
傘（かさ）
かばん
靴（くつ）

1-12

これは誰(だれ)のテープですか。

先生(せんせい)　これは誰(だれ)のテープですか。

吉田(よしだ)　それは私(わたし)のテープです。

先生(せんせい)　これも吉田(よしだ)さんのですか。

吉田(よしだ)　いいえ、それは私(わたし)のじゃありません。

文型 sentence pattern

1

A　何(なん)ですか。

B　教科書(きょうかしょ)です。

2

A　教科書(きょうかしょ)ですか。

B　はい、教科書(きょうかしょ)です。

　　いいえ、教科書(きょうかしょ)じゃありません。ノートです。

3

A　誰(だれ)の教科書(きょうかしょ)ですか。

B　私(わたし)の教科書(きょうかしょ)です。／私(わたし)のです。

(1) 先生(せんせい)　吉田(よしだ)さんの教科書(きょうかしょ)ですか。

　　吉田(よしだ)　いいえ、私(わたし)の教科書(きょうかしょ)じゃありません。

　　　　　　　　／私(わたし)のじゃありません。

4

これ
それ
あれ
} は私(わたし)の教科書(きょうかしょ)です。

5 それも私(わたし)のです。

(1) 先生(せんせい)　これは誰(だれ)の本(ほん)ですか。
吉田(よしだ)　それは私(わたし)のです。
先生(せんせい)　これも吉田(よしだ)さんのですか。
吉田(よしだ)　はい、それも私(わたし)のです。

(2) 先生(せんせい)　これは誰(だれ)のえんぴつですか。
吉田(よしだ)　それは私(わたし)のです。
先生(せんせい)　これも吉田(よしだ)さんのですか。
吉田(よしだ)　いいえ、それは私(わたし)のじゃありません。

練習 Exercise

a. 35(さんじゅうご)ページの絵(え)を見(み)て言(い)いましょう。

書きましょう

1 例(れい)のように正(ただ)しいものに○をつけなさい。

例 ⓐ. ボールペン
b. ボルペン
c. ポールペン

1. a. きょかしょ
b. きょうかしょ
c. きょうかしょう

2. a. ロカー
b. ロッカアー
c. ロッカー

3. a. けいじばん
b. けじばん
c. けーじばん

4. a. けしゴーム
b. けしゴム
c. ケシごむ

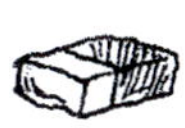

5. a. ホワイトボート
b. ホワイドボード
c. ホワイトボード

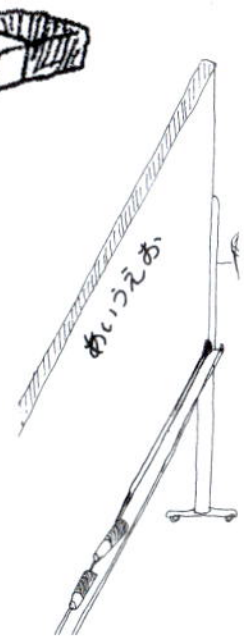

6. a. シャプペンシル
b. シャープペンシル
c. シヤープペンシル

7. a. テープレコーター
b. テプレコーダー
c. テープレコーダー

8. a. とうけい
b. とげい
c. とけい

9. a. じしょ
b. じいしょ
c. じしょう

10. a. まろ
b. まあど
c. まど

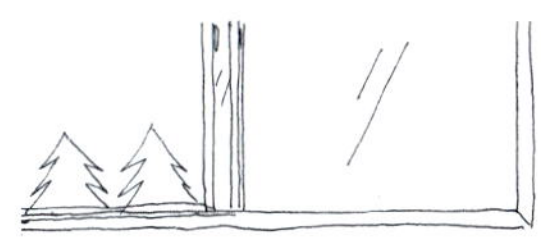

11. a. かばあん
b. かばん
c. かあばん

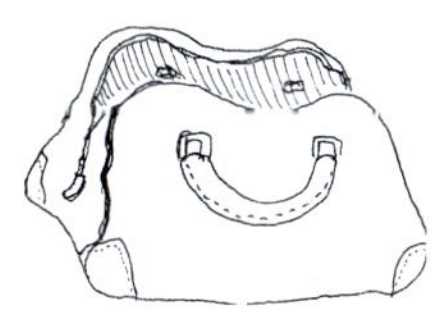

12. a. カテーン
b. カーテーン
c. カーテン

13. a. いす
b. いいす
c. いすう

14. a. テエプ
b. テープ
c. テプ

15. a. のーと
b. ノートー
c. ノート

2 絵を見て例のように正しく並べ変えなさい。

例  ル ボ ー ン ペ → ボールペン

1. 

う き ょ し か ょ → ＿＿＿＿＿＿

2.  テ レ ー ー プ コ ダ ー → ＿＿＿＿＿＿

3.  カ テ ー ン → ＿＿＿＿＿＿

4. 

ん じ け い ば → ＿＿＿＿＿＿

3 絵を見て例のように書きなさい。

例 テープレコーダー

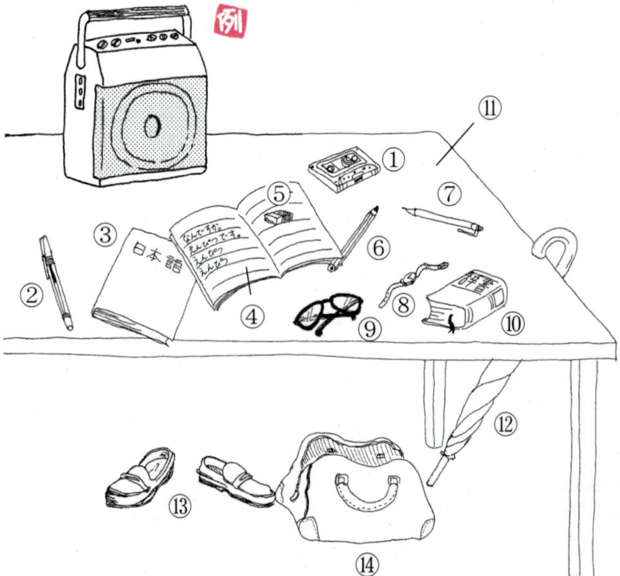

① ＿＿＿＿＿＿
② ＿＿＿＿＿＿
③ ＿＿＿＿＿＿
④ ＿＿＿＿＿＿
⑤ ＿＿＿＿＿＿
⑥ ＿＿＿＿＿＿
⑦ ＿＿＿＿＿＿
⑧ ＿＿＿＿＿＿
⑨ ＿＿＿＿＿＿
⑩ ＿＿＿＿＿＿
⑪ ＿＿＿＿＿＿
⑫ ＿＿＿＿＿＿
⑬ ＿＿＿＿＿＿
⑭ ＿＿＿＿＿＿

練習問題

1 例(れい)のように絵(え)にあるものに（　　）をつけなさい。

例

つ	く	え	ほ	と	ほ	な
じ	つ	ん	ま	い	け	け
し	め	ぴ	な	ど	い	い
ょ	あ	つ	め	じ	て	す
ん	わ	が	ば	か	ば	ん
が	ね	ん	や	さ	け	い

ア	ケ	コ	ー	ラ	マ	サ	ジ
ロ	ッ	カ	ー	テ	ン	パ	ラ
シ	ャ	ー	プ	ペ	ン	シ	ル
リ	ノ	レ	ル	ド	ケ	ガ	カ
タ	テ	ー	プ	ア	ツ	レ	メ
ネ	ボ	ム	ト	イ	コ	ア	ド

例

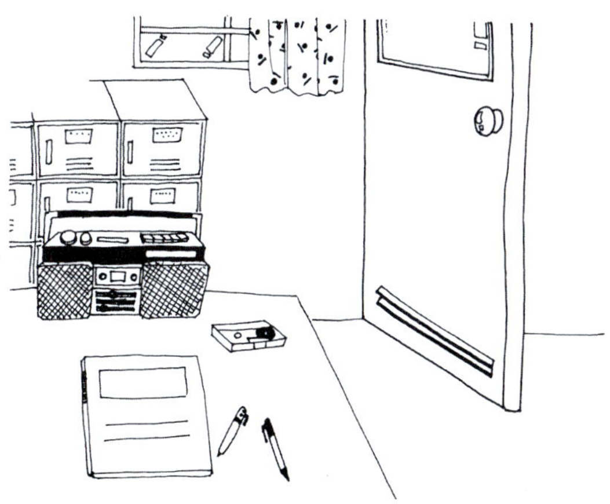

2 絵を見て例のように書きなさい。

吉田さん

先生

田中さん

例

A これは誰の靴ですか。

B 先生のです。

1.

A これは誰の時計ですか。

B ____________________

2.

A これは誰のめがねですか。

B ____________________

3.

A これは先生のかばんですか。

B ____________________

4.

A これは吉田さんの辞書ですか。

B ____________________

5.

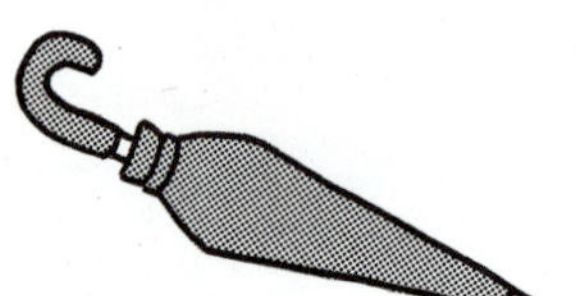

A ____________________

B 田中さんのです。

3 ＿＿にひらがなをひとつ書(か)きなさい。

先生(せんせい)　これは誰(だれ)＿＿＿＿＿＿テープですか。

吉田(よしだ)　それは私(わたし)＿＿＿＿＿＿テープです。

先生(せんせい)　これ＿＿＿＿＿＿吉田(よしだ)さん＿＿＿＿＿＿ですか。

吉田(よしだ)　いいえ、それ＿＿＿＿＿＿私(わたし)＿＿＿＿＿＿じゃありません。

3 この大きい猫は誰のですか。

1-13

この大きい猫は誰のですか。

文型 sentence pattern

1

この猫(ねこ)
その猫(ねこ)　は私(わたし)のです。
あの猫(ねこ)

(1) A　このボールペンは誰(だれ)のですか。
　　B　それは私(わたし)のです。

(2) A　その傘(かさ)は誰(だれ)のですか。
　　B　これは私(わたし)のです。

(3) A　あのかばんは誰(だれ)のですか。
　　B　あのかばんは佐藤(さとう)さんのです。

2

その大(おお)きい猫(ねこ)は私(わたし)のです。

大(おお)きい　猫(ねこ)
↓　↓
い形容詞(けいようし)　名詞(めいし)

(1) A　この赤(あか)いボールペンは誰(だれ)のですか。
　　B　それは吉田(よしだ)さんのです。

(2) A　この青(あお)いかばんは誰(だれ)のですか。
　　B　そのかばんは私(わたし)のです。

3 あなたの猫(ねこ)はどれですか。

(1) *A* 佐藤(さとう)さんの猫(ねこ)はどれですか。

B あれです。

4

A あなたの猫(ねこ)はどれですか。

B あの黒(くろ)いのです。

(1) *A* 吉田(よしだ)さんの傘(かさ)はどれですか。

B その黄色(きいろ)いのです。

練習問題

1 絵を見て［　　］に適当な言葉を書きなさい。

□めがねは佐藤さんのです。
□黒いめがねは誰のですか。
□は誰のめがねですか。
□めがねは私のです。

2 絵を見て＿＿に適当な言葉を書きなさい。

① この＿＿＿＿＿＿＿＿＿＿猫は誰のですか。

② あれです。あの＿＿＿＿＿＿＿＿＿＿のです。

③ その＿＿＿＿＿＿＿＿＿＿猫は私のです。

4 広(ひろ)いですか。

1-14

い形容詞(けいようし)

1. 広(ひろ)いです。

2. 狭(せま)いです。

3. 大(おお)きいです。

4. 小(ちい)さいです。

5. 長(なが)いです。

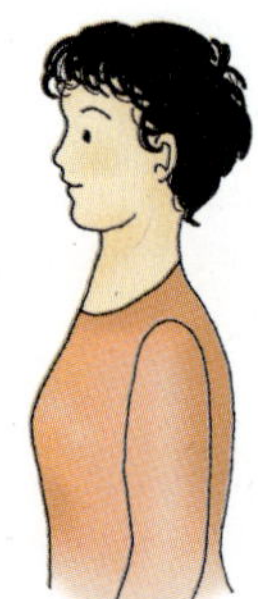

6. 短(みじか)いです。

7. 高(たか)いです。

8. 安(やす)いです。

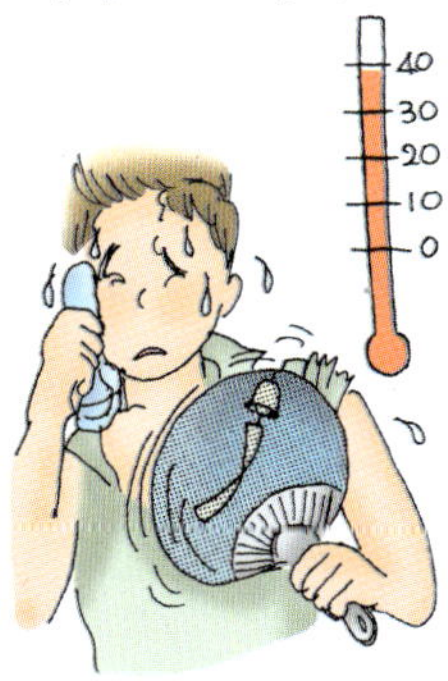

9. 暑(あつ)いです。

10. 寒(さむ)いです。

11. 新(あたら)しいです。

12. 古(ふる)いです。

13. 明(あか)るいです。

14. 暗(くら)いです。

15. うるさいです。

16. きたないです。

1-15

な形容詞

17. 静かです。

18. きれいです。

文型 → sentence pattern

1

A　吉田さんの部屋は広いですか。
B　はい、広いです。
　　いいえ、広くありません。

(1) 吉田　小野さんのノートは新しいですか。
　　小野　はい、新しいです。

(2) 小野　吉田さんのかばんは大きいですか。
　　吉田　いいえ、大きくありません。

2

A　佐藤さんの部屋は静かですか。
B　はい、静かです。
　　いいえ、静かじゃありません。

(1) 小野　吉田さんの部屋はきれいですか。
　　吉田　はい、きれいです。

3

このきれいな傘は吉田さんのです。

きれいな	傘
↓	↓
な形容詞	名詞

(1) 静かな音楽です。

※ その大きい猫は私のです。（☞ 3課－文型2）

Jump up!

書きましょう

1 例のように正しいものに○をつけなさい。

例 a. ひろりです。
b. ひるいです。
ⓒ ひろいです。

1. a. ちいさあいです。
b. ちいさいです。
c. ちさいです。

2. a. おうきいねこです。
b. おおきいのねこです。
c. おおきいねこです。

3. a. くらいです。
b. くるいです。
c. くらです。

4. a. ふろいです。
b. ふるいです。
c. ふっるいです。

5. a. あかるいです。

b. あっかるいです。

c. あかるういです。

6. a. なかいです。

b. ながいです。

c. ながです。

7. a. さすいです。

b. きむいです。

c. さむいです。

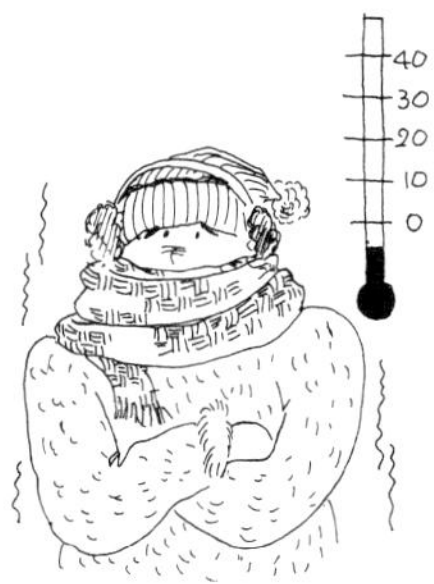

8. a. きれいです。

b. きいれいです。

c. きれえです。

9. a. あたらいのじしょです。

b. あたらしいじしょです。

c. あたらしいなじしょです。

10. a. しずかいへやです。

b. しずかなへやです。

c. しずかへやです。

2 例のように書きなさい。

例

せまくありません。

1.

___ ___ ___ありません。

2.

___ ___ ___ ___ ___ありません。

3.

___ ___ ___ ___ ___ありません。

4.

___ ___ ___ ___ありません。

5.

___ ___ ___ ___ありません。

6.

___ ___ ___ ___ありません。

練習問題

1 例のように反対の言葉を選んで書きなさい。

例 おおきい ⟷ ちいさい

_____ ⟷ _____　　_____ ⟷ _____

_____ ⟷ _____　　_____ ⟷ _____

_____ ⟷ _____　　_____ ⟷ _____

_____ ⟷ _____　　_____ ⟷ _____

うるさい　ながい　ひろい　あたらしい　たかい

みじかい　しずか　せまい

やすい　あかるい　きたない

さむい　おおきい　くらい　ふるい　あつい

きれい　ちいさい

2 絵を見て質問に答えなさい。

田中さんの部屋

吉田さんの部屋

1. A 吉田さんの部屋は広いですか。

   B ________________________________

2. A 田中さんの部屋は静かですか。

   B ________________________________

3. A 田中さんの部屋はきれいですか。

   B ________________________________

4. A 田中さんのテープレコーダーは新しいですか。

   B ________________________________

3 (　　)の言葉を適当な形にして、＿＿に書きなさい。

A この＿＿＿＿＿＿傘は誰のですか。
　　(きれい)

B 良子さんのです。

A あの＿＿＿＿＿＿傘は誰のですか。
　　(白い)

B 私のです。

5 冷蔵庫の中にビールとおさしみがあります。

1-16 冷蔵庫の中にビールとおさしみがあります。

上（うえ）

中（なか）

下（した）

前（まえ）

後ろ（うしろ）

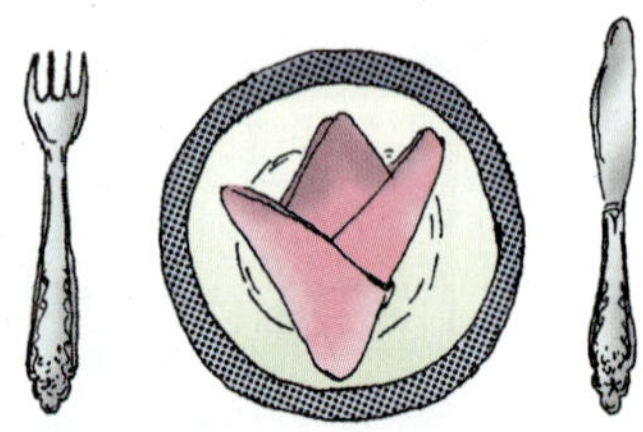

左（ひだり）　　右（みぎ）

横（よこ）

隣（となり）

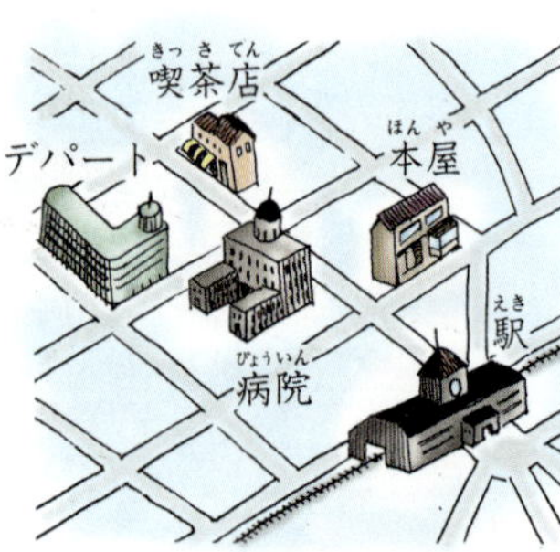

そば

文型 sentence pattern

1

テーブルの上にケーキとコーヒーがあります。
車の後ろに男の子がいます。

(1) 机の下にかばんがあります。

(2) お皿の右にナイフがあります。お皿の左にフォークがあります。

(3) 女の人の前におすもうさんがいます。

(4) 箱の中に猫がいます。

2

駅のそばにデパートや病院(など)があります。

(1) 教室に机やホワイトボード(など)があります。

3

A テーブルの上に何がありますか。
B ケーキとコーヒーがあります。

A 電話の横に誰がいますか。
B 田中さんがいます。

A 箱の中に何がいますか。
B 猫がいます。

(1) *A* 郵便局の隣に何がありますか。
B 病院があります。

練習 Exercise

a. 60ページの絵を見て言いましょう。

b. 下の絵を見て(　　)の中に数字を書きましょう。

私の隣に吉田さんがいます。
リンさんの横に犬がいます。
吉田さんの前に小野さんがいます。
佐藤さんの横に猫がいます。
吉田さんの右に先生がいます。
リンさんの後ろに私がいます。

左　　(　　)　(　　)　(　　)　　右

(　　)　(　　)　(　　)

① 吉田さん
② リンさん
③ 先生
④ 小野さん
⑤ 佐藤さん
⑥ 私

2

1-17

デパートはどこにありますか。

(駅(えき)の西口(にしぐち)で)

佐藤(さとう)　すみません。三越(みつこし)デパートはどこにありますか。

女(おんな)の人(ひと)　三越(みつこし)デパートは…ええと…ここです。

佐藤(さとう)　ああ、東口(ひがしぐち)ですね。

どうもありがとうございます。

女(おんな)の人(ひと)　いいえ、どういたしまして。

文型 sentence pattern

4

> **A** デパートはどこにありますか。／どこですか。
> **B** デパートはここにあります。／ここです。

(1) **A** 切符売場(きっぷうりば)はどこにありますか。／どこですか。
　　B 切符売場(きっぷうりば)はあそこにあります。／あそこです。

(2) **A** リンさんはどこにいますか。／どこですか。
　　B リンさんは車(くるま)の後(うし)ろにいます。／車(くるま)の後(うし)ろです。

(3) **A** 郵便局(ゆうびんきょく)はどこにありますか。／どこですか。
　　B 南口(みなみぐち)にあります。／南口(みなみぐち)です。

練習 Exercise

c. 例(れい)のように言(い)いましょう。

1-18

例　**A** リンさんはどこにいますか。
　　B 電話(でんわ)の横(よこ)にいます。

1.

2.

d. 地図を見て例のように言いましょう。

1-19

例 1
A ホテルはどこにありますか。
B 病院の前にあります。

1. 郵便局　　2. スーパー　　3. 学校　　4. 本屋

1-20

例 2
A 銀行はどこにありますか。
B 北口にあります。

1. 喫茶店　　2. 花屋　　3. ホテル

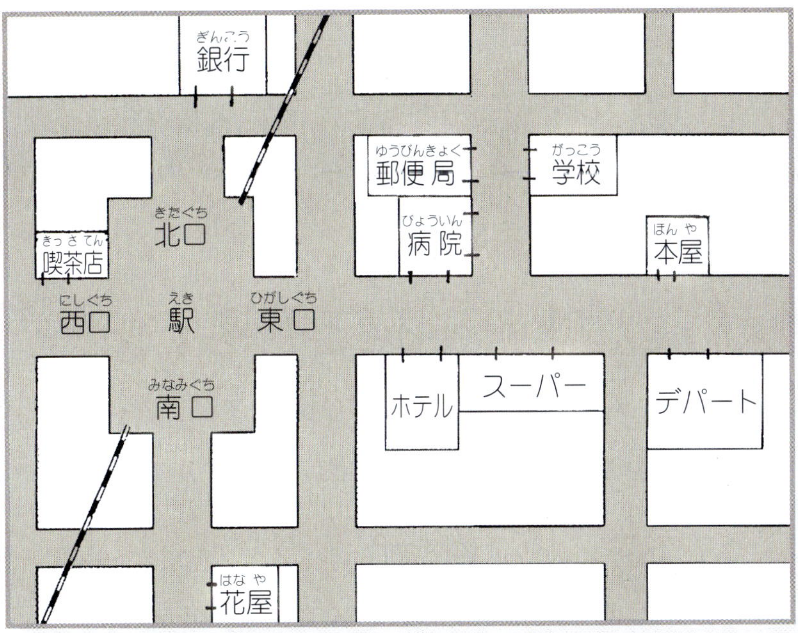

1-21

この階にお手洗いはありますか。

（デパートの中で）

佐藤　あのう、この階にお手洗いはありますか。

店員A　いいえ、ありません。お手洗いは3階です。

（3階で）

佐藤　すみません。お手洗いはどこですか。

店員B　あそこのアクセサリー売場の横です。

佐藤　どうもありがとうございます。

（お手洗(てあら)いの中(なか)の洗面所(せんめんじょ)で）

男(おとこ)の人(ひと)　あれっ。私(わたし)のめがねはどこに…。

佐藤(さとう)　はい、ここにありますよ。

男(おとこ)の人(ひと)　ああ、どうもすみません。

文型 sentence pattern

5

A　この階(かい)にお手洗(てあら)いはありますか。

B　はい、あります。あそこです。
　　いいえ、ありません。3階(さんがい)にあります。

(1) A　この辺(へん)に電話(でんわ)はありますか。

　　B　はい。あそこにあります。

(2) （教室(きょうしつ)で）

　　A　吉田(よしだ)さんはいますか。

　　B　いいえ、いません。図書館(としょかん)にいます。

練習 Exercise

e. デパートの絵を見て言いましょう。

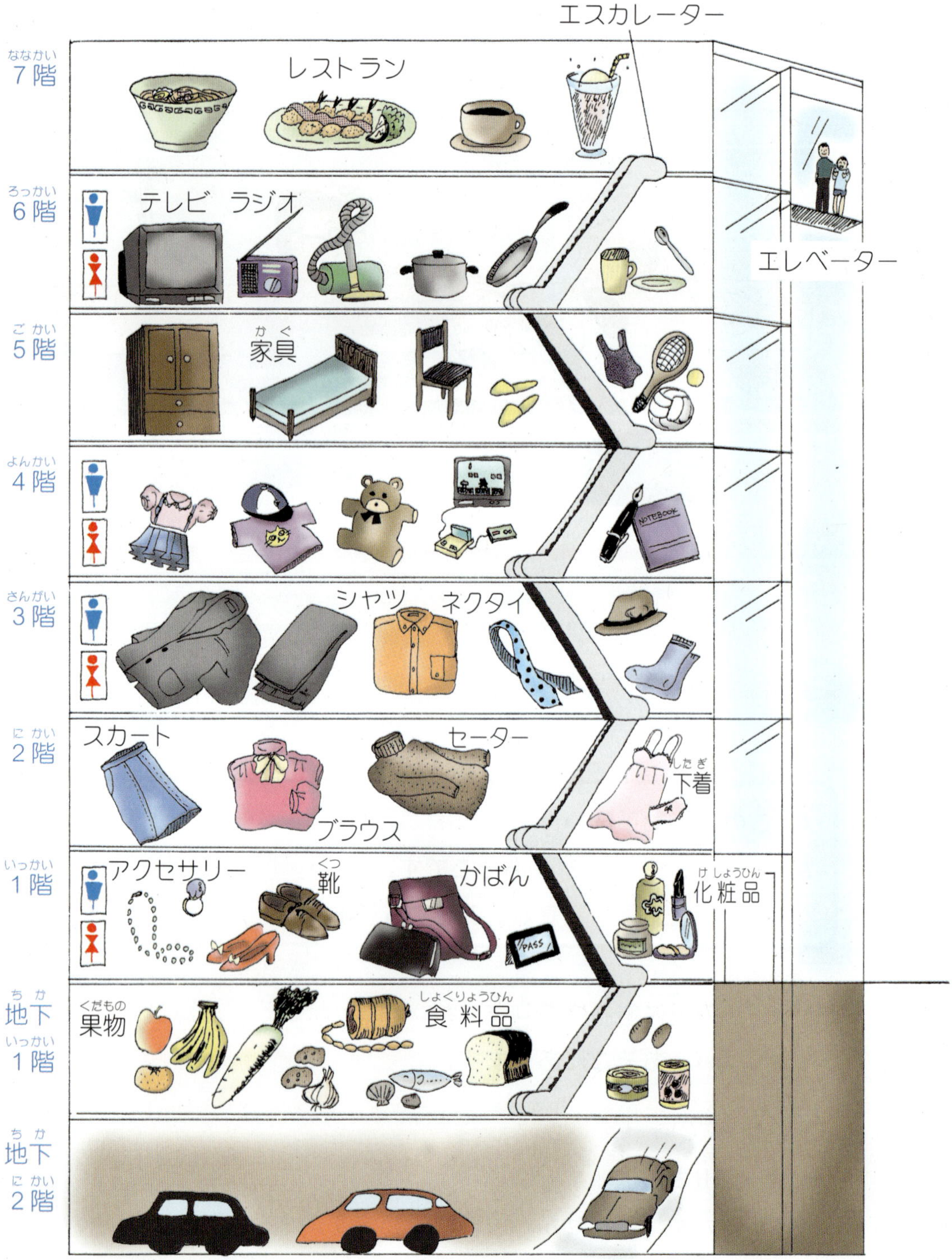

1-22

例1 **A** すみません。食料品(しょくりょうひん)は何階(なんかい)ですか。

B 地下1階(ちかいっかい)です。

1. レストラン　2. 家具(かぐ)　3. かばん
4. 靴(くつ)　5. アクセサリー　6. 化粧品(けしょうひん)

1-23

例2 **A** すみません。この階(かい)にお手洗(てあら)いはありますか。

B いいえ、ありません。お手洗(てあら)いは3階(さんがい)にあります。

1. テレビ　2. スカート　3. セーター
4. シャツ　5. 下着(したぎ)　6. ネクタイ
7. ブラウス　8. ラジオ　9. 果物(くだもの)

練習問題

1 例(れい)のように＿＿にひらがなをひとつ書(か)きなさい。

例 いす＿の＿下(した)＿に＿くつ＿が＿あります。

1. 箱(はこ)＿＿中(なか)＿＿猫(ねこ)＿＿います。

2. *A* テーブル＿＿上(うえ)＿＿何(なに)＿＿ありますか。

   B 本(ほん)があります。

3. 机(つくえ)＿＿上(うえ)＿＿ノート＿＿本(ほん)＿＿あります。

4. *A* デパート＿＿どこ＿＿ありますか。

   B 西口(にしぐち)にあります。

5. *A* この辺(へん)＿＿電話(でんわ)＿＿ありますか。

   B いいえ、ありません。

6. *A* 吉田(よしだ)さん＿＿いますか。

   B いいえ、いません。

7. *A* テレビ＿＿何階(なんかい)ですか。

   B 5階(ごかい)です。

2 絵を見て、例のように　　　の中から適当な言葉を選んで書きなさい。

例 テーブルの＿上＿にケーキとコーヒーがあります。

1. いすの＿＿＿＿＿＿にめがねがあります。

2. 箱の＿＿＿＿＿＿に猫がいます。

3. テレビの＿＿＿＿＿＿に靴があります。

4. テレビの＿＿＿＿＿＿に時計があります。

5. 冷蔵庫の＿＿＿＿＿＿に幸子さんがいます。

6. 幸子さんの＿＿＿＿＿＿に男の子がいます。

7. テーブルの＿＿＿＿＿＿にいすがあります。

前　後ろ　上　中　下　そば　横

3 例のように　　の中から適当な言葉を選んで書きなさい。

> 例 A 冷蔵庫の横に＿何＿が＿ありますか。
> B 電話が＿あります。

1. A テレビの下に＿＿＿＿＿が＿＿＿＿＿＿＿か。
   B 時計が＿＿＿＿＿＿＿。

2. A 箱の中に＿＿＿＿＿が＿＿＿＿＿＿＿か。
   B 猫が＿＿＿＿＿＿＿。

3. A コーヒーとケーキは＿＿＿＿＿に＿＿＿＿＿＿＿か。
   B テーブルの上です。

4. A ビールは＿＿＿＿＿に＿＿＿＿＿＿＿か。
   B 冷蔵庫の中です。

5. A 幸子さんは＿＿＿＿＿に＿＿＿＿＿＿＿か。
   B 冷蔵庫の横です。

何　どこ　います　あります

4 (　　)の中に名前を書きなさい。

(　　)(　　)(　　)(　　)

(　　)(　　)

幸子　私の隣に一郎さんがいます。
私の後ろに吉田さんがいます。
吉田さんの隣に佐藤さんと小野さんがいます。
佐藤さんの横にテーブルがあります。
小野さんの隣にリンさんがいます。

5 絵を見て、＿＿に適当な言葉を書きなさい。

1. 客　すみません。
   ネクタイは何階ですか。
   店員　＿＿＿＿＿＿＿＿＿＿＿＿

2. 客　すみません。
   ＿＿＿＿＿＿＿＿＿＿＿＿
   店員　3階です。

3. （1階で）
   客　すみません。この階に
   ＿＿＿＿＿＿
   店員　いいえ、ありません。
   お手洗いは2階にあります。

6 地図を見て、＿＿に適当な言葉を書きなさい。

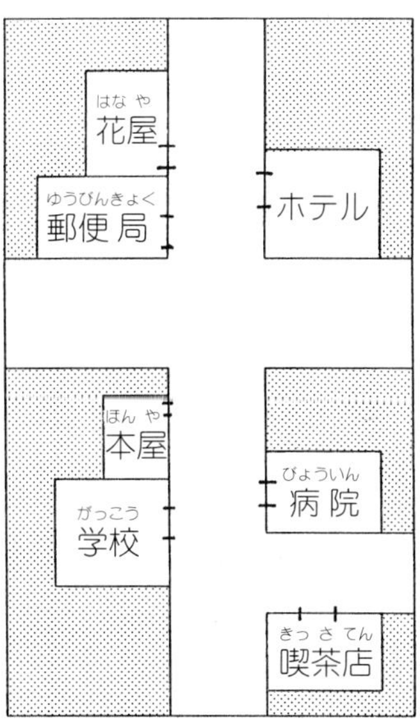

1. A　ホテルはどこにありますか。
   B　＿＿＿＿＿＿＿＿＿＿＿＿

2. A　花屋はどこにありますか。
   B　＿＿＿＿＿＿＿＿＿＿＿＿

3. A　＿＿＿＿＿＿＿＿＿＿＿＿
   B　学校の隣にあります。

7 絵(え)を見(み)て＿＿に適当(てきとう)な言葉(ことば)を書(か)きなさい。

いちろうさん

おかえりなさい。

冷蔵庫(れいぞうこ)の＿＿＿＿＿＿＿＿

ビールとおさしみが＿＿＿＿＿＿＿＿

テーブルの＿＿＿＿＿＿＿＿

おすしが＿＿＿＿＿＿＿＿

♥ さちこ

6 吉田さんの一日、佐藤さんの一日

1-24

動詞

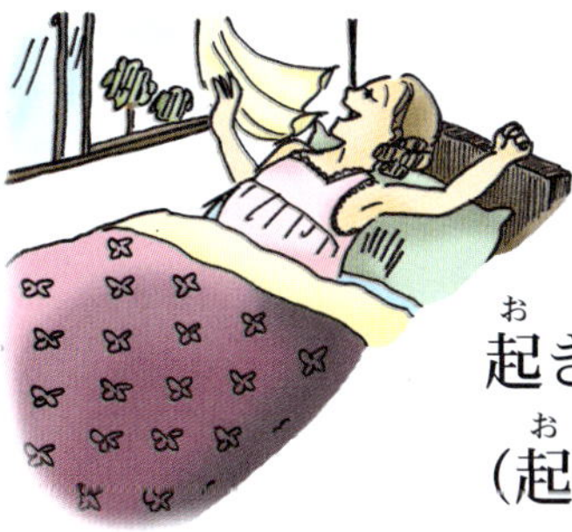

起きます
（起きる）

寝ます
（寝る）

飲みます
（飲む）

食べます
（食べる）

吸います
（吸う）

見ます
（見る）

読みます
（読む）

聞きます
（聞く）

書きます
（書く）

仕事(しごと)をします

（する）

勉強(べんきょう)をします

（する）

テニスをします

（する）

行(い)きます

（行(い)く）

来(き)ます

（来(く)る）

帰(かえ)ります

（帰(かえ)る）

1-25

よしだよしこ　いちにち
吉田良子さんの一日

ごぜん
午前

7:00

しちじはん　お
7時半に起きます。

の
コーヒーを飲みます。

8:00

がっこう　い
学校へ行きます。

9:00

がっこう　べんきょう
学校で勉強をします。

ごご
午後

3:00

テニスをします。

5:00

6:00

ろくじ　かえ
6時にうちへ帰ります。

ばん　た
晩ごはんを食べます。

7:00

み
テレビを見ます。

11:00

じゅういちじはん　ね
11 時半に寝ます。

文型 sentence pattern

1 コーヒーを飲(の)みます。

(1) テレビを見(み)ます。

(2) *A* 何(なに)を飲(の)みますか。

B コーヒーを飲(の)みます。

2 学校(がっこう)へ行(い)きます。

(1) うちへ帰(かえ)ります。

(2) 日本(にほん)へ来(き)ます。

(3) *A* どこへ行(い)きますか。

B 会社(かいしゃ)へ行(い)きます。

3 学校(がっこう)で勉強(べんきょう)をします。

(1) うちでテレビを見(み)ます。

(2) 会社(かいしゃ)で仕事(しごと)をします。

(3) *A* どこでごはんを食(た)べますか。

B 食堂(しょくどう)で食(た)べます。

4

7時半に起きます。
朝、新聞を読みます。

(1) 6時にうちへ帰ります。

(2) 11 時半ごろ(に)寝ます。

(3) 夜、テレビを見ます。

(4) *A* 何時に起きますか。
B 7時に起きます。

(5) *A* いつ新聞を読みますか。
B 朝、読みます。

練習 Exercise

a. 佐藤(さとう)さんの一日(いちにち)を見(み)て言(い)いましょう。

佐藤武(さとうたけし)さんの一日(いちにち)

午前(ごぜん)

6：00

7：00

8：00

9：00

午後(ごご)

7：00

8：00

9：00

10：00

11：00

12：00

2

1-26

たばこを吸いますか。

吉田良子	佐藤さんはたばこを吸いますか。
佐藤　武	いいえ、吸いません。
吉田	お酒を飲みますか。
佐藤	はい。ときどき飲みます。
吉田	何を飲みますか。
佐藤	ビールか日本酒を飲みます。
吉田	いつも、うちで晩ごはんを食べますか。
佐滕	いいえ、うちでは食べません。 いつも外で食べます。

文型 sentence pattern

5

A たばこを吸(す)いますか。
B いいえ、吸(す)いません。

吸(す)います → 吸(す)いません
起(お)きます → 起(お)きません
来(き)ます → 来(き)ません
します → しません

(1) A テニスをしますか。
B いいえ、しません。

(2) A コーヒーを飲(の)みますか。
B いいえ、飲(の)みません。

6

うちでは食(た)べません。外(そと)で食(た)べます。

を	→	は	で	→	では
が	→	は	に	→	には
へ	→	へは	□	→	は

(1) A 朝(あさ)、コーヒーを飲(の)みますか。
B いいえ、コーヒーは飲(の)みません。ミルクを飲(の)みます。

(2) A このバスは池袋(いけぶくろ)へ行(い)きますか。
B いいえ、池袋(いけぶくろ)へは行(い)きません。渋谷(しぶや)へ行(い)きます。

(3) A うちで晩(ばん)ごはんを食(た)べますか。
B いいえ、うちでは食(た)べません。外(そと)で食(た)べます。

(4) A 夏休(なつやす)みに国(くに)へ帰(かえ)りますか。

B いいえ、夏休(なつやす)みには帰(かえ)りません。冬休(ふゆやす)みに帰(かえ)ります。

(5) A 朝(あさ)、新聞(しんぶん)を読(よ)みますか。

B いいえ、朝(あさ)は読(よ)みません。夜(よる)、読(よ)みます。

7 ビールか日本酒(にほんしゅ)を飲(の)みます。

(1) A 朝(あさ)、何(なに)を飲(の)みますか。

B コーヒーか紅茶(こうちゃ)を飲(の)みます。

(2) A いつも、どこで昼(ひる)ごはんを食(た)べますか。

B そば屋(や)か学校(がっこう)の 食堂(しょくどう)で食(た)べます。

1-27

私(わたし)はロックが好(す)きです。

吉田(よしだ)　日曜日(にちようび)に何(なに)をしますか。

佐藤(さとう)　うちで本(ほん)を読(よ)みます。

吉田(よしだ)　どんな本(ほん)を読(よ)みますか。

佐藤(さとう)　経済(けいざい)の本(ほん)です。吉田(よしだ)さんはよく本(ほん)を読(よ)みますか。

吉田(よしだ)　いいえ、私(わたし)はあまり読(よ)みません。

佐藤(さとう)　じゃあ、日曜日(にちようび)に何(なに)をしますか。

吉田(よしだ)　テニスです。佐藤(さとう)さんもテニスをしますか。

佐藤(さとう)　いいえ、ぜんぜんしません。
私(わたし)はスポーツはあまり好(す)きじゃありません。

吉田(よしだ)　あのう…、佐藤(さとう)さんはどんな音楽(おんがく)が好(す)きですか。

佐藤(さとう)　クラシック音楽(おんがく)が好(す)きです。吉田(よしだ)さんも好(す)きですか。

吉田(よしだ)　いいえ、好(す)きじゃありません。私(わたし)はロックが好(す)きです。

佐藤(さとう)　私(わたし)はロックは好(す)きじゃありません。

文型 sentence pattern

8

A　よく本(ほん)を読(よ)みますか。
B　はい、よく読(よ)みます。
　　いいえ、あまり読(よ)みません。
　　いいえ、ぜんぜん読(よ)みません。

(1)　私(わたし)はよく手紙(てがみ)を書(か)きます。

(2) A　よくデパートへ行(い)きますか。
　　B　いいえ、あまり行(い)きません。

(3) A　お酒(さけ)を飲(の)みますか。
　　B　いいえ、ぜんぜん飲(の)みません。

9

私(わたし)はロックが好(す)きです。

(1) A　どんなスポーツが好(す)きですか。
　　B　私(わたし)はテニスが好(す)きです。

(2) A　クラシック音楽(おんがく)が好(す)きですか。
　　B　いいえ、クラシック音楽(おんがく)はあまり好(す)きじゃありません。

(3)　私(わたし)は納豆(なっとう)が嫌(きら)いです。

10

A　どんな音楽が好きですか。
B　クラシック音楽が好きです。

(1) A　どんな音楽が好きですか。
　　B　静かな音楽が好きです。

(2) A　どんなスポーツをしますか。
　　B　テニスをします。

(3) 田中　木村さんの猫はどんな猫ですか。
　　木村　白い猫です。

11 動詞の辞書形の作り方

	ます形		辞書形	
グループ1	飲みます	→	飲む	(ま み む め も)
	読みます	→	読む	(ま み む め も)
	行きます	→	行く	(か き く け こ)
	吸います	→	吸う	(わ い う え お)
	あります	→	ある	(ら り る れ ろ)
	帰ります	→	帰る	(ら り る れ ろ)
グループ2	起きます	→	起きる	
	寝ます	→	寝る	
	食べます	→	食べる	
	見ます	→	見る	
	います	→	いる	
グループ3	します	→	する	
	来ます	→	来る	

練習問題

1 表(ひょう)を完成(かんせい)しなさい。

～ます	～ません	グループ	辞書形(じしょけい)
行(い)きます	行(い)きません	1	行(い)く
書(か)きます			
	食(た)べません		
帰(かえ)ります			
飲(の)みます			
	読(よ)みません		
見(み)ます			
します			
来(き)ます			
			起(お)きる
			寝(ね)る

2 ＿＿＿にひらがなをひとつ書(か)きなさい。

1. 6時半(ろくじはん)＿＿＿起(お)きます。
2. 朝(あさ)、うち＿＿＿コーヒー＿＿＿飲(の)みます。
3. 会社(かいしゃ)＿＿＿仕事(しごと)＿＿＿します。
4. 食堂(しょくどう)＿＿＿ごはん＿＿＿食(た)べます。
5. 6時(ろくじ)＿＿＿うち＿＿＿帰(かえ)ります。
6. 本(ほん)＿＿＿読(よ)みます。
7. 私(わたし)はロック＿＿＿好(す)きです。

3 の中(なか)から適当(てきとう)な言葉(ことば)を選(えら)んで＿＿＿に書(か)きなさい。

1. *A* ＿＿＿＿＿＿＿＿で新聞(しんぶん)を読(よ)みますか。
   B うちで読(よ)みます。
2. *A* 図書館(としょかん)で＿＿＿＿＿＿＿＿をしますか。
   B 勉強(べんきょう)をします。
3. *A* ＿＿＿＿＿＿＿＿にうちへ帰(かえ)りますか。
   B 10時(じゅうじ)にうちへ帰(かえ)ります。
4. *A* ＿＿＿＿＿＿＿＿本(ほん)を読(よ)みますか。
   B 夜(よる)、読(よ)みます。
5. *A* ＿＿＿＿＿＿＿＿本(ほん)を読(よ)みますか。
   B 経済(けいざい)の本(ほん)です。

いつ　　どこ　　何(なに)　　どんな　　何時(なんじ)

4 例(れい)のように書(か)きなさい。

例 A　よく手紙(てがみ)を書(か)きますか。

B　いいえ、あまり書(か)きません。

1. A　よくコーヒーを飲(の)みますか。

B　＿＿＿＿＿、ぜんぜん＿＿＿＿＿＿＿＿＿＿

2. A　よくテレビを見(み)ますか。

B　＿＿＿＿＿、よく＿＿＿＿＿＿＿＿＿＿

3. A　よくラジオを聞(き)きますか。

B　＿＿＿＿＿、あまり＿＿＿＿＿＿＿＿＿＿

4. A　よくデパートへ行(い)きますか。

B　＿＿＿＿＿、ぜんぜん＿＿＿＿＿＿＿＿＿＿

5. A　よく本(ほん)を読(よ)みますか。

B　＿＿＿＿＿、よく＿＿＿＿＿＿＿＿＿＿

6. A　よく勉強(べんきょう)しますか。

B　＿＿＿＿＿、あまり＿＿＿＿＿＿＿＿＿＿

7. A　よくここへ来(き)ますか。

B　＿＿＿＿＿、あまり＿＿＿＿＿＿＿＿＿＿

5 次の質問に答えなさい。

1. 何時に学校へ来ますか。

＿＿＿＿＿＿＿＿＿＿＿＿＿＿＿＿＿＿＿＿＿＿＿＿＿＿＿＿＿＿

2. いつもどこで勉強しますか。

＿＿＿＿＿＿＿＿＿＿＿＿＿＿＿＿＿＿＿＿＿＿＿＿＿＿＿＿＿＿

3. 何時ごろうちへ帰りますか。

＿＿＿＿＿＿＿＿＿＿＿＿＿＿＿＿＿＿＿＿＿＿＿＿＿＿＿＿＿＿

4. よく手紙を書きますか。

＿＿＿＿＿＿＿＿＿＿＿＿＿＿＿＿＿＿＿＿＿＿＿＿＿＿＿＿＿＿

5. クラシック音楽が好きですか。

＿＿＿＿＿＿＿＿＿＿＿＿＿＿＿＿＿＿＿＿＿＿＿＿＿＿＿＿＿＿

6 ＿＿にひらがなをひとつ書きなさい。

吉田良子　佐藤さんはたばこ＿＿吸いますか。

佐藤　武　いいえ、吸いません。

吉田良子　お酒＿＿飲みますか。

佐藤　武　はい。ときどき飲みます。

吉田良子　何＿＿飲みますか。

佐藤　武　ビール＿＿日本酒を飲みます。

吉田良子　いつもうち＿＿晩ごはんを食べますか。

佐藤　武　いいえ、うち＿＿ ＿＿食べません。

いつも外＿＿食べます。

7 財布(さいふ)を落(お)としました。

1-28

財布(さいふ)を落(お)としました。

（交番(こうばん)で）

小野京子(おのきょうこ)　すみません。

おまわりさん　はい。何(なん)ですか。

京子(きょうこ)　あのう、財布(さいふ)を落(お)としました。

おまわりさん　財布(さいふ)ですか。どこで落(お)としましたか。

京子(きょうこ)　わかりません。

おまわりさん　今日(きょう)、どこへ行(い)きましたか。

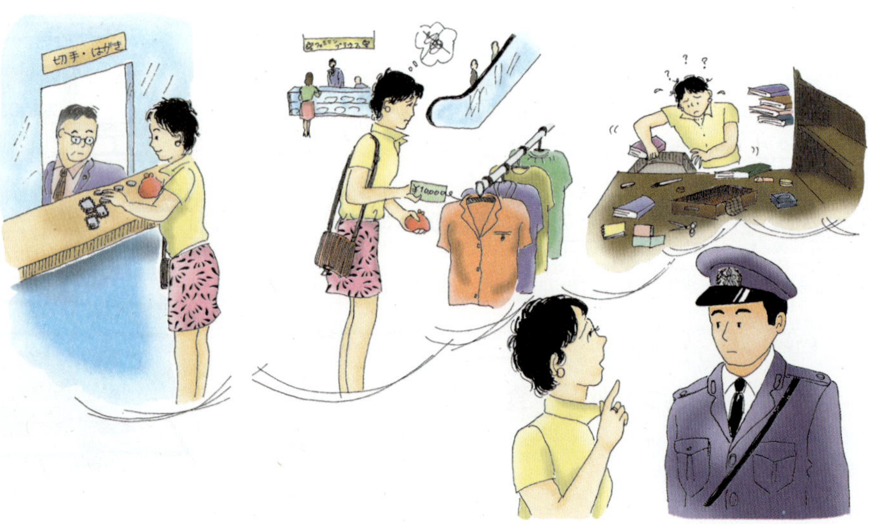

京子(きょうこ)　ええと、朝(あさ)、郵便局(ゆうびんきょく)へ行(い)きました。

おまわりさん　その時(とき)、財布(さいふ)はありましたか。

京子(きょうこ)　はい、ありました。切手(きって)を買(か)いました。

おまわりさん　それから、どこかへ行(い)きましたか。

京子(きょうこ)　ええ、小田急(おだきゅう)デパートへ行(い)きました。

おまわりさん　何(なに)か買(か)いましたか。

京子(きょうこ)　いいえ、何(なに)も買(か)いませんでした。

おまわりさん　それから、どこかへ行(い)きましたか。

京子(きょうこ)　いいえ、どこへも行(い)きませんでした。
すぐうちへ帰(かえ)りました。

おまわりさん　部屋(へや)の中(なか)を捜(さが)しましたか。

京子(きょうこ)　ええ。でも、どこにもありませんでした。

文型 Sentence Pattern

1

行(い)き { ました。 / ませんでした。

(1) 昨日(きのう)、郵便局(ゆうびんきょく)へ行(い)きました。

(2) *A*　部屋(へや)の中(なか)に財布(さいふ)はありましたか。
B　いいえ、ありませんでした。

2

郵便局(ゆうびんきょく)へ行(い)きました。それから、デパートへ行(い)きました。

(1) *A* 朝(あさ)、そうじをしました。

B それから、何(なに)をしましたか。

A 友達(ともだち)のうちへ行(い)きました。

3

A 何(なに)か買(か)いましたか。

B はい、切手(きって)を買(か)いました。
いいえ、何(なに)も買(か)いませんでした。

A どこかへ行(い)きましたか。

B はい、池袋(いけぶくろ)へ行(い)きました。
いいえ、どこへも行(い)きませんでした。

A 財布(さいふ)は(どこかに)ありましたか。

B はい、うちにありました。
いいえ、どこにもありませんでした。

(1) *A* 朝(あさ)、何(なに)か食(た)べましたか。

B いいえ、何(なに)も食(た)べませんでした。

(2) *A* 昨日(きのう)、どこかへ行(い)きましたか。

B はい、友達(ともだち)のうちへ行(い)きました。

(3) *A* 財布(さいふ)はありましたか。

B いいえ、どこにもありませんでした。

(4) *A* 良子(よしこ)さんはいましたか。

B いいえ、どこにもいませんでした。

4 部屋の中を捜しました。でも、どこにもありませんでした。

(1) 私はよくテニスをします。でも、上手じゃありません。

(2) 昨日、デパートへ行きました。でも、何も買いませんでした。

5 時の言い方 1

おととい　昨日　今日　明日　あさって

朝
昼
夕方
夜
ゆうべ ＝ 昨日の夜
今朝 ＝ 今日の朝

(1) おととい、財布を落としました。

(2) 昨日、図書館へ行きました。

(3) 今朝、9時に学校へ来ました。

(4) 今日、学校でテニスをします。

(5) 明日の夕方、友達のうちへ行きます。

(6) あさって、映画を見ます。

練習 Exercise

a. 77 ページの吉田(よしだ)さんの一日(いちにち)を見(み)て言(い)いましょう。

b. 80 ページの佐藤(さとう)さんの一日(いちにち)を見(み)て言(い)いましょう。

c. 京子(きょうこ)さんは昨日(きのう)、何(なに)をしましたか。絵(え)を見(み)て言(い)いましょう。

そうじをする

洗濯(せんたく)をする

勉強(べんきょう)する

料理(りょうり)をする

買(か)い物(もの)をする

テープを聞(き)く

2

1-29

赤(あか)くて小(ちい)さい財布(さいふ)です。

おまわりさん　それはどんな財布(さいふ)ですか。

京子(きょうこ)　赤(あか)くて小(ちい)さい財布(さいふ)です。

おまわりさん　財布(さいふ)の中(なか)にいくらありましたか。

京子(きょうこ)　ええと…7千円(ななせんえん)ぐらいです。

おまわりさん　ほかに何(なに)かありましたか。

京子(きょうこ)　はい、キャッシュカードがありました。

おまわりさん　ほかには。

京子(きょうこ)　ええと…お金(かね)とキャッシュカードだけです。

おまわりさん　わかりました。じゃ、ここにあなたの住所(じゅうしょ)と名前(なまえ)と電話番号(でんわばんごう)を書(か)いてください。

京子(きょうこ)　はい。

おまわりさん　あっ、ボールペンで書(か)いてください。

京子(きょうこ)　はい…。これでいいですか。

おまわりさん　はい、けっこうです。
じゃ、後(あと)で連絡(れんらく)します。

京子(きょうこ)　よろしくお願(ねが)いします。

文型 Sentence pattern

6

A どんな財布(さいふ)ですか。
B 赤(あか)くて小(ちい)さい財布(さいふ)です。

A どんな店(みせ)ですか。
B 静(しず)かできれいな店(みせ)です。

い形容詞(けいようし)	赤(あか)くて小(ちい)さい	財布(さいふ)	です。
な形容詞(けいようし)	静(しず)かできれいな	店(みせ)	です。

(1) A あのう、電車(でんしゃ)の中(なか)に傘(かさ)を忘(わす)れました。
B どんな傘(かさ)ですか。
A 黒(くろ)い傘(かさ)です。

(2) A 今日(きょう)、スカートを買(か)いました。
B どんなのを買(か)いましたか。
A 白(しろ)くて長(なが)いのを買(か)いました。

(3) 文化病院(ぶんかびょういん)は大(おお)きくてきれいな病院(びょういん)です。

(4) 小野(おの)さんの部屋(へや)は静(しず)かで広(ひろ)い部屋(へや)です。

7

お金(かね)だけです。

(1) A 郵便局(ゆうびんきょく)で切手(きって)のほかに何(なに)か買(か)いましたか。
B いいえ。切手(きって)だけです。

(2) 今日(きょう)の宿題(しゅくだい)は作文(さくぶん)だけです。

練習 Exercise

d. 例のように言いましょう。

1-30

例

A　あのう、財布を落としました。

B　どんな財布ですか。

A　赤くて小さい財布です。

B　じゃ、ここにあなたの名前と電話番号を書いてください。

A　はい…。これでいいですか。

B　はい、けっこうです。じゃ、後で連絡します。

A　よろしくお願いします。

1. かばん／忘れる／黒い・大きい

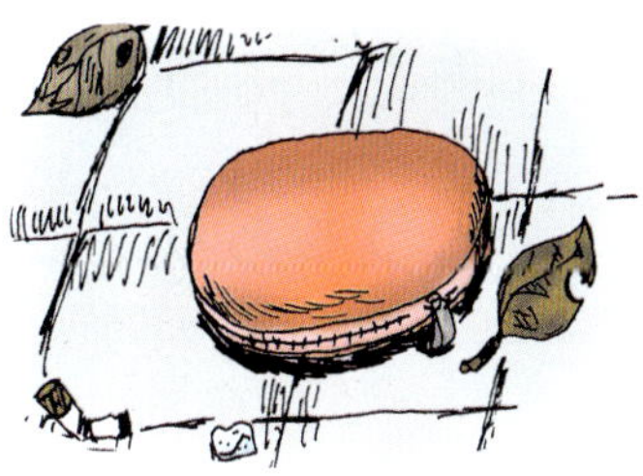

2. 財布／落とす／丸い・大きい

3. ハンドバッグ／忘れる／白い・四角い

3

1-31

小野さんの財布じゃありませんか。

（京子のマンションで）

京子　ただいま。

管理人　おかえりなさい。小野さん、これは小野さんの財布じゃありませんか。

京子　あっ、そうです。どこにありましたか。

管理人　マンションの入口にありましたよ。

京子　ああ、そうですか。どうもありがとうございました。

文型 sentence pattern

8 小野さんの財布じゃありませんか。

(1) 学生　あのう、かぎを落としました。
　　先生　これじゃありませんか。研究室の前にありましたよ。

(2) 先生　これ、吉田さんの傘じゃありませんか。
　　吉田　あっ、そうです。ありがとうございました。

練習問題

1 表を完成しなさい。

例 食べます	食べました	食べません	食べませんでした
行きます			
見ます			
します			
来ます			
あります			
読みます			
帰ります			
起きます			

2 ____にひらがなをひとつ書きなさい。

1. *A* 日曜日にどこ____ ____行きましたか。

B はい、デパートへ行きました。

A 何____買いましたか。

B ええ、傘____買いました。

A それから、どこ____ ____行きましたか。

B いいえ、どこ____ ____行きませんでした。

2. *A* 財布はありましたか。

B いいえ、どこ____ ____ありませんでした。

3 例のように質問を作りなさい。

例 何を買いましたか。

1. ______________________

2. ______________________

3. ______________________

4 絵を見て＿＿に適当な言葉を書きなさい。

私は昨日9時に＿＿＿＿＿＿＿＿＿＿＿＿＿＿

9:00

朝、うちでコーヒーを＿＿＿＿＿＿＿＿＿＿＿

それから、学校へ＿＿＿＿＿＿＿＿＿＿＿＿＿

10時半から2時半まで学校で＿＿＿＿＿＿＿＿

＿＿＿＿＿＿＿＿＿＿＿＿＿＿

10:30 ～ 2:30

3時から4時まで＿＿＿＿＿＿＿＿＿＿＿＿＿

3:00 ～ 4:00

それから、レストランで＿＿＿＿＿＿＿＿＿＿

＿＿＿＿＿＿＿＿＿＿＿＿＿＿

5 例のように（　　）の言葉を適当な形にして＿＿に書きなさい。

例 A　あなたの猫はどんな猫ですか。
B　黒くて大きい　猫です。
（黒い、大きい）

1. A　あなたの部屋はどんな部屋ですか。
B　＿＿＿＿＿＿＿＿部屋です。
（広い、明るい）

2. A　あなたのかばんはどんなかばんですか。
B　＿＿＿＿＿＿＿＿かばんです。
（赤い、小さい）

3. A　駅のそばの喫茶店はどんな喫茶店ですか。
B　＿＿＿＿＿＿＿＿喫茶店です。
（静か、きれい）

4. A　学校の図書館はどんな図書館ですか。
B　＿＿＿＿＿＿＿＿図書館です。
（新しい、きれい）

5. A　どんなスカートを買いましたか。
B　＿＿＿＿＿＿＿＿スカートを買いました。
（白い、長い）

6 例のように____に適当な言葉を書きなさい。

例 白くて丸いかばんです。

1. ______________________

2. ______________________

3. ______________________

7 例のように＿＿に適当な言葉を書きなさい。

（交番で）

> 例
>
> 京子　すみません。
>
> おまわりさん　はい。何ですか。
>
> 京子　あのう、財布を＿落としました。＿

おまわりさん　今日、どこへ行きましたか。

京子　ええと、朝、郵便局へ＿＿＿＿＿＿＿＿＿＿

おまわりさん　その時、財布はありましたか。

京子　はい、ありました。切手を＿＿＿＿＿＿＿＿＿＿

おまわりさん　それから、どこかへ行きましたか。

京子　ええ、小田急デパートへ＿＿＿＿＿＿＿＿＿＿

おまわりさん　何か買いましたか。

京子　いいえ、何も＿＿＿＿＿＿＿＿＿＿

おまわりさん　それから、どこかへ行きましたか。

京子　いいえ、どこへも＿＿＿＿＿＿＿＿＿＿

すぐうちへ＿＿＿＿＿＿＿＿＿＿

おまわりさん　部屋の中を捜しましたか。

京子　ええ。でも、どこにも＿＿＿＿＿＿＿＿＿＿

8 天気はどうでしたか。

1-32

天気はどうでしたか。

ニュースキャスター　こんばんは。今日は5月5日、子供の日です。今年のゴールデンウィークは今日で終わりました。今日、約1万 9千人の人が帰国しました。成田空港から伊藤記者が報告します。

（成田空港で）

伊藤記者　あのう、すみません。

女の人　はい。

伊藤記者　どこへいらっしゃいましたか。

女の人　ハワイへ行きました。

伊藤記者　何日間ですか。

女の人　1 週間です。

伊藤記者　旅行はどうでしたか。楽しかったですか。

女の人　ええ、楽しかったですが、少し疲れました。

伊藤記者　天気はどうでしたか。

女の人　毎日とてもいい天気でした。昼はちょっと暑かったですが、朝と夜はあまり暑くありませんでした。

伊藤記者　いつごろ切符を予約しましたか。

女の人　3か月前です。

伊藤記者　予約は大変でしたか。

女の人　いいえ、あまり大変じゃありませんでした。

文型 sentence pattern

1-33

1

A　何日間／どのぐらいですか。
B　1週間です。

(1) *A*　ハワイに何日いましたか。
B　1週間です。

(2) A 国(くに)でどのぐらい日本語(にほんご)を勉強(べんきょう)しましたか。
B 4(よん)か月勉強(げつべんきょう)しました。

(3) A いつも何時間(なんじかん)ぐらいテレビを見(み)ますか。
B 2時間(にじかん)ぐらいです。

(4) A 東京(とうきょう)からハワイまで何時間(なんじかん)ぐらいですか。
B 7時間(しちじかん)です。

	～時間(じかん)	～日(間)(にちかん)	～週間(しゅうかん)	～か月(げつ)	～年(ねん)
1	いちじかん	いちにち	いっしゅうかん	いっかげつ	いちねん
2	にじかん	ふつか(かん)	にしゅうかん	にかげつ	にねん
3	さんじかん	みっか(かん)	さんしゅうかん	さんかげつ	さんねん
4	よじかん	よっか(かん)	よんしゅうかん	よんかげつ	よねん
5	ごじかん	いつか(かん)	ごしゅうかん	ごかげつ	ごねん
6	ろくじかん	むいか(かん)	ろくしゅうかん	ろっかげつ	ろくねん
7	しちじかん ななじかん	なのか(かん)	ななしゅうかん	ななかげつ	しちねん ななねん
8	はちじかん	ようか(かん)	はっしゅうかん	はっかげつ	はちねん
9	くじかん	ここのか(かん)	きゅうしゅうかん	きゅうかげつ	きゅうねん
10	じゅうじかん	とおか(かん)	じっしゅうかん	じっかげつ	じゅうねん
?	なんじかん	なんにち(かん)	なんしゅうかん	なんかげつ	なんねん

いっかげつ＝ひとつき
にかげつ　＝ふたつき

2

A どうでしたか。
B 楽(たの)し { かったです。 / くありませんでした。 }

(1) A 天気(てんき)はどうでしたか。
B よかったです。

(2) ホテルは空港(くうこう)からあまり近(ちか)くありませんでした。

3

大変(たいへん) { でした。 / じゃありませんでした。

(1) *A* ホテルの部屋(へや)は静(しず)かでしたか。

B いいえ、あまり静(しず)かじゃありませんでした。

(2) スチュワーデスは親切(しんせつ)でした。

4

いい天気(てんき) { でした。 / じゃありませんでした。

(1) *A* いいホテルでしたか。

B いいえ、あまりいいホテルじゃありませんでした。

	現在(げんざい)			過去(かこ)	
	辞書形(じしょけい)	肯定形(こうていけい)	否定形(ひていけい)	肯定形(こうていけい)	否定形(ひていけい)
い形容詞(けいようし)	楽(たの)しい	楽(たの)しいです	楽(たの)しく ありません	楽(たの)しかったです	楽(たの)しく ありませんでした
な形容詞(けいようし)	大変(たいへん)	大変(たいへん)です	大変(たいへん)じゃ ありません	大変(たいへん)でした	大変(たいへん)じゃ ありませんでした
名詞(めいし)	魚(さかな)	魚(さかな) です	魚(さかな) じゃ ありません	魚(さかな) でした	魚(さかな) じゃ ありませんでした

5 楽しかったですが、疲れました。

ホテルの部屋 は 静かでした が、 狭かったです 。

(1) 私の部屋は古いですが、広いです。

(2) 文化スーパーの魚は新鮮ですが、高いです。

(3) パイナップルは安かったですが、あまりおいしくありませんでした。

(4) ホテルはきれいでしたが、高かったです。

(5) *A* 泳ぎましたか。
B ええ、泳ぎましたが、あまり楽しくありませんでした。

6 昼はちょっと暑かったですが、朝と夜はあまり暑くありませんでした。

を	→	は		で	→	では
が	→	は		に	→	には
へ	→	へは		□	→	は

(1) 吉田　よく新聞を読みますか。
アルン　国の新聞は読みますが、日本の新聞は読みません。

(2) 佐藤　チンさんは日本料理が好きですか。
チン　てんぷらは好きですが、おすしやさしみは好きじゃありません。

(3) *A* よく海や山へ行きますか。
B 海へはよく行きますが、山へは行きません。

(4) *A* スポーツをしますか。
B 国ではよくしましたが、日本ではぜんぜんしません。

(5) *A* よく自分で料理をしますか。
B 前はよくしましたが、今はあまりしません。

練習 Exercise

a. 絵を見て例のように言いましょう。

1-34

例 A よく新聞を読みますか。

B 国の新聞は読みますが、日本の新聞は読みません。

よくお酒を飲みますか。

1. ビール・飲みます／日本酒・飲みません

よく新宿や渋谷へ行きますか。

2. 新宿・行きます／渋谷・行きません

よく映画を見ますか。

3. 国・見ました／日本・見ません

2

1-35

安くておいしかったです。

伊藤記者　食べ物はどうでしたか。

女の人　おいしかったです。

伊藤記者　何がおいしかったですか。

女の人　パイナップルが安くておいしかったです。

男の人　魚も新鮮でおいしかったです。
肉はあまり食べませんでしたが、
魚はたくさん食べました。

伊藤記者　その赤くてきれいな花は何ですか。

女の人　ハイビスカスです。

伊藤記者　おみやげですか。

女の人　ええ、そうです。

伊藤記者　どうもありがとうございました。成田空港から報告しました。

文型 sentence pattern

7 パイナップルは安(やす)くておいしかったです。

パイナップル は 新鮮(しんせん)でおいしかったです 。

(1) 駅前(えきまえ)のスーパーは新(あたら)しくて大(おお)きいです。

(2) 成田空港(なりたくうこう)は遠(とお)くて不便(ふべん)です。

(3) 代々木公園(よよぎこうえん)は静(しず)かできれいです。

(4) ハワイの果物(くだもの)は甘(あま)くておいしかったです。

(5) パイナップルは安(やす)くて新鮮(しんせん)でした。

(6) パーティーはにぎやかで楽(たの)しかったです。

8 魚(さかな)も新鮮(しんせん)でおいしかったです。

は → も	を → も	で → でも
	が → も	に → にも
	へ → へも	□ → も

(1) A それは何(なん)ですか。
B これはハワイのパイナップルです。
A それもパイナップルですか。
B ええ、これもパイナップルです。

(2) 飛行機(ひこうき)の切符(きっぷ)を予約(よやく)しました。ホテルも予約(よやく)しました。

(3) *A* 何がおいしかったですか。

B パイナップルがおいしかったです。魚も新鮮でおいしかったです。

(4) 夏休みにマレーシアへ行きました。それからシンガポールへも行きました。

(5) *A* よくテープを聞きますか。

B はい、毎日うちで聞きます。電車の中でも聞きます。

(6) *A* この辺に電話はありますか。

B はい、食堂のそばにあります。お手洗いの横にもあります。

(7) *A* いつ勉強しますか。

B 夜、勉強します。ときどき、朝も勉強します。

練習 Exercise

b. 例のように言いましょう。

例1 学校の食堂は安くておいしいです。

例2 アパートは新しいですが、狭いです。

1. アパート／駅から近いです／便利です
2. 学生会館／新しいです／きれいです
3. 学校のそばの公園／静かです／きれいです
4. 学校／駅から遠いです／不便です
5. 駅前の喫茶店／広いです／うるさいです
6. 学校のプール／大きいです／古いです
7. 文化スーパーの魚／ちょっと高いです／新鮮です

c. 例(れい)のように言(い)いましょう。　1-36

例 1　A　ハワイのパイナップルはどうでしたか。

　　　B　安(やす)くておいしかったです。

例 2　A　ホテルはどうでしたか。

　　　B　きれいでしたが、駅(えき)から遠(とお)かったです。

1. ハワイのパイナップル／甘(あま)かったです／おいしかったです
2. ホテルのプール／大(おお)きかったです／新(あたら)しかったです
3. ホテルの部屋(へや)／静(しず)かでした／きれいでした
4. 駅(えき)のそばのレストラン／安(やす)かったです／あまりおいしくありませんでした
5. おすし／高(たか)かったです／おいしかったです
6. ホテルの部屋(へや)／静(しず)かでした／狭(せま)かったです

ハワイ　エレガントなハワイの休日

青い空と広くてまっ白な砂浜

快適で豪華なホテル

テニスコート、プール、ディスコ
バー、レストランなどのレジャー施設

- 出発地／東京（成田）
- 出発日／7日間デラックスコース：毎週月・土曜日
  6日間フリータイムコース：毎週月・木・金曜日
- ホテル／デラックスクラスのリゾートホテル

オプショナルツアー／ハワイアン・ディナーショー
ゴルフツアー
ハワイ島日帰り観光

Jump up!

練習問題

1 ＿＿にひらがなをひとつ書きなさい。

1. A　よくお酒を飲みますか。
   B　ワイン＿＿飲みますが、日本酒＿＿飲みません。

2. 良子　リンさんは日本料理が好きですか。
   リン　てんぷら＿＿好きですが、おさしみ＿＿好きじゃありません。

3. A　よく新宿や池袋へ行きますか。
   B　新宿＿＿ ＿＿行きますが、池袋＿＿ ＿＿行きません。

4. A　よく映画を見ますか。
   B　国＿＿ ＿＿見ましたが、日本＿＿ ＿＿見ません。

5. A　よくテニスをしますか。
   B　前＿＿よくしましたが、今＿＿あまりしません。

2 絵を見て例のように書きなさい。

例　8時間　寝ました。

1. ＿＿＿＿＿＿学校で勉強しました。
2. ＿＿＿＿＿＿テニスをしました。
3. ＿＿＿＿＿＿テレビを見ました。

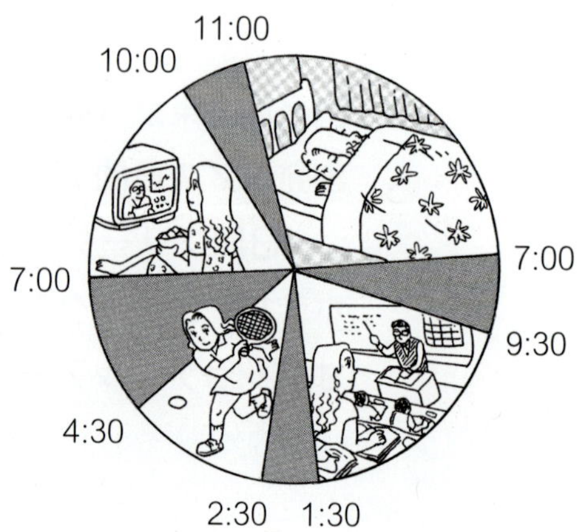

例 1週間(いっしゅうかん) ハワイにいました。

5	日	月	火	水	木	金	土
	1	2	③	④	⑤	6	7
	8	9	10	11	12	13	14
	15	16	17	18	19	20	21
	22	23	24	25	26	27	28
	29	30	31				

4. ________日本(にほん)にいました。

6	日	月	火	水	木	金	土
				1	2	3	4
	5	6	7	8	9	10	11
	12	13	14	15	16	17	18
	19	20	21	22	23	24	25
	26	27	28	29	30		

5. ________日本語(にほんご)を勉強(べんきょう)しました。

7	日	月	火	水	木	金	土
						1	2
	3	4	5	6	7	8	9
	10	11	12	13	14	15	16
	17	18	19	20	21	22	23
	24/31	25	26	27	28	29	30

8	日	月	火	水	木	金	土
		1	2	3	4	5	6
	7	8	9	10	11	12	13
	14	15	16	17	18	19	20
	21	22	23	24	25	26	27
	28	29	30	31			

3 例(れい)のように(　　)の言葉(ことば)を適当(てきとう)な形(かたち)にして____に書(か)きなさい。

例 パイナップルは 安(やす)くて おいしかったです。
(安(やす)い)

1. ホテルは空港(くうこう)から________不便(ふべん)でした。
(遠(とお)い)

2. ホテルの部屋(へや)は________きれいでした。
(広(ひろ)い)

3. スチュワーデスは________親切(しんせつ)でした。
(きれい)

4. ハワイの魚(さかな)は________おいしかったです。
(新鮮(しんせん))

4 例のように(　　)の言葉を適当な形にして＿＿に書きなさい。

> 例 私の部屋は＿古いです＿が、広いです。
> (古い)

1. 学校の食堂は＿＿＿＿＿＿＿＿が、あまりおいしくありません。
   (安い)

2. 学生会館は＿＿＿＿＿＿＿＿が、駅から遠いです。
   (新しい)

3. ホテルのレストランは＿＿＿＿＿＿＿＿が、高かったです。
   (おいしい)

4. 昨日のパーティーは＿＿＿＿＿＿＿＿が、あまり楽しくありませんでした。
   (にぎやか)

5 絵を見て書きなさい。

伊藤記者　ハワイはどうでしたか。

女の人　＿＿＿＿＿＿＿＿＿＿＿＿＿＿＿＿

伊藤記者　ホテルはきれいでしたか。

女の人　いいえ、＿＿＿＿＿＿＿＿＿＿＿＿＿＿

伊藤記者　何がおいしかったですか。

女の人　＿＿＿＿＿＿＿＿＿＿＿＿＿＿＿＿

6 例のように＿＿に適当な言葉を書きなさい。

> 例　伊藤記者　＿どこへ＿いらっしゃいましたか。
> 　　女の人　ハワイへ行きました。

伊藤記者　＿＿＿＿＿＿＿＿＿＿ですか。
女の人　1週間です。

伊藤記者　旅行は＿＿＿＿＿＿＿＿＿＿楽しかったですか。
女の人　ええ、楽しかったですが、少し疲れました。

伊藤記者　天気は＿＿＿＿＿＿＿＿＿＿
女の人　毎日とてもいい天気でした。

伊藤記者　＿＿＿＿＿＿＿＿＿＿切符を予約しましたか。
女の人　3か月前です。

伊藤記者　予約は＿＿＿＿＿＿＿＿＿＿か。
女の人　いいえ、あまり大変じゃありませんでした。

9 使い方(つかいかた)を教えて(おしえて)ください。

1-37

ロビーへ来て(きて)ください。

(学生会館(がくせいかいかん)のロビーで)

ワン　すみません。新入生(しんにゅうせい)のワン・シューミンですが、
部屋(へや)を教えて(おしえて)ください。

遠藤(えんどう)　ええと、ワンさん、ワンさん、
…ああ、香港(ホンコン)のワンさんですね。

ワン　はい、そうです。

遠藤(えんどう)　ワンさんの部屋(へや)は3階(さんがい)です。3階(さんがい)の　302　号室(さんびゃくにごうしつ)です。

ワン　どうもありがとうございました。

遠藤(えんどう)　いいえ。あ、ワンさん、3時(さんじ)から学生会館(がくせいかいかん)の
説明(せつめい)をしますから、ロビーへ来て(きて)ください。

ワン　はい。

(階段(かいだん)で)

先輩(せんぱい)　ワンさん、手伝(てつだ)いましょうか。

ワン　どうもすみません。お願(ねが)いします。

（部屋(へや)で）

先輩(せんぱい)　どこに置(お)きますか。

ワン　すみません、そこに置(お)いてください。

どうもありがとうございました。

文型 sentence pattern

1 動詞(どうし) て形(けい)

グループ1	～う、～つ、～る → ～って	買(か)う → 買(か)って	
		持(も)つ → 持(も)って	
		帰(かえ)る → 帰(かえ)って	
	～ぶ、～む、～ぬ → ～んで	呼(よ)ぶ → 呼(よ)んで	
		飲(の)む → 飲(の)んで	
		死(し)ぬ → 死(し)んで	
	～す → ～して	話(はな)す → 話(はな)して	
	～く → ～いて	聞(き)く → 聞(き)いて	
		※ 行(い)く → 行(い)って	
	～ぐ → ～いで	騒(さわ)ぐ → 騒(さわ)いで	

グループ2	～る → ～て	食(た)べる → 食(た)べて 見(み)る → 見(み)て
グループ3		来(く)る → 来(き)て する → して

2 ロビーへ来(き)てください。

(1) よく聞(き)いてください。

(2) そうじをしてください。

(3) すみません、もう一度(いちど)言(い)ってください。

3 手伝(てつだ)いましょうか。

(1) *A* 持(も)ちましょうか。

B すみません。お願(ねが)いします。

(2) *A* 取(と)りましょうか。

B ありがとうございます。

2

1-38

おふろに入ってもいいですか。

遠藤　これから学生会館の規則を説明します。よく聞いてください。

学生　はい。

遠藤　門限は10時です。10時までに帰って来てください。
遅れてはいけません。各階に洗面所と台所があります。
自由に使ってください。でも、そのあときれいにそうじを
してください。部屋の中で料理をしてはいけません。
それから、洗面所にコインランドリーがあります。

ワン　えっ？「コイン…」すみません、もう一度言ってください。

遠藤　コインランドリーです。洗濯機です。

ワン　ああ、洗濯機ですか。わかりました。
あのう、朝、おふろに入っても
いいですか。

遠藤　いいえ、おふろは夜8時
からです。

文型 sentence pattern

4 朝(あさ)、おふろに入(はい)ってもいいですか。

(1) A シャワーを使(つか)ってもいいですか。

　B ええ、いいですよ。

(2) A すみません、たばこを吸(す)ってもいいですか。

　B あのう、たばこはちょっと…。

5 遅(おく)れてはいけません。

(1) 教室(きょうしつ)でジュースを飲(の)んではいけません。

(2) 廊下(ろうか)でたばこを吸(す)ってはいけません。

6 10時(じゅうじ)までに帰(かえ)って来(き)てください。

(1) 今週(こんしゅう)の金曜日(きんようび)までに宿題(しゅくだい)を出(だ)してください。

(2) A すみません、この本(ほん)を借(か)りてもいいですか。

　B ええ。でも、明日(あした)までに返(かえ)してください。

7 きれいにそうじをしてください。

な形容詞(けいようし) ＋ 動詞(どうし)　　きれい → きれいにそうじをする。

(1) 自由(じゆう)に使(つか)ってください。

(2) きれいに書(か)いてください。

(3) 上手(じょうず)に歌(うた)を歌(うた)いました。

練習 Exercise

a. 絵を見て言いましょう。

例 部屋で料理をしてはいけません。

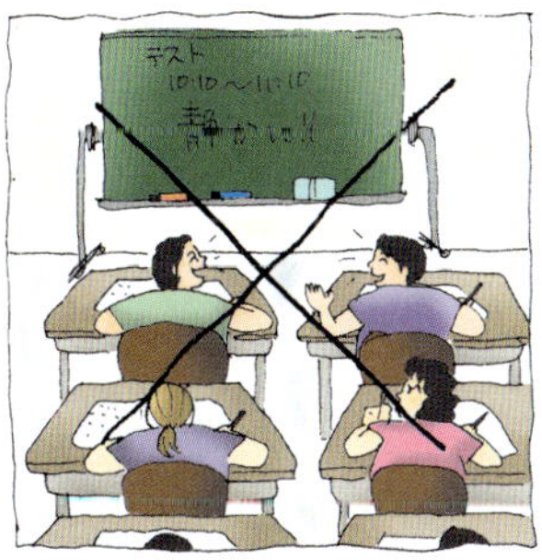

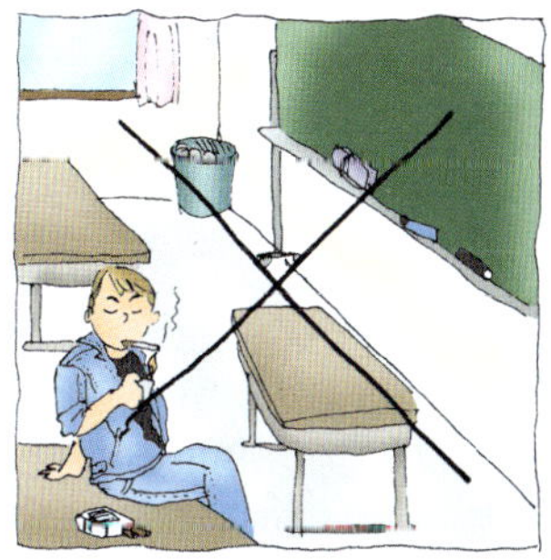

1. テストの時、話す
2. 夜、騒ぐ
3. 教室でたばこを吸う

b. 例のように言いましょう。

1-39

例 学生　夜、外出してもいいですか。
遠藤　ええ、いいですよ。
　　　でも、10時までに帰って来てください。

1. 台所を使う／きれいに使う
2. この本を借りる／明日までに返す

3

1-40

コインランドリーの使(つか)い方(かた)を教(おし)えてください。

ワン　すみません、コインランドリーの使(つか)い方(かた)を教(おし)えてください。

遠藤(えんどう)　はい。まず、この中(なか)に洗濯物(せんたくもの)と洗剤(せんざい)を入(い)れてください。

ワン　はい。

遠藤(えんどう)　それから、ふたをして、100円玉(ひゃくえんだま)を入(い)れてください。

ワン　すみません、どこに入(い)れますか。

遠藤(えんどう)　ここです。

ワン　ああ、ここですね。これでいいですか。

遠藤(えんどう)　ええ。

ワン　どうもありがとうございました。

遠藤(えんどう)　いいえ、どういたしまして。

文型 Sentence pattern

8 コインランドリーの使い方を教えてください。

(1) 先生　これから、手紙の書き方を説明します。

(2) すみません、この漢字の読み方を教えてください。

9 ふたをして、お金を入れてください。

(1) キャッシュカードを入れて、暗証番号を押してください。

(2) 映画を見て、晩ごはんを食べて、9 時にうちへ帰りました。

(3) 昨日図書館へ行って、本を借りました。

10 時の言い方 2

先週（せんしゅう）	今週（こんしゅう）	来週（らいしゅう）
先月（せんげつ）	今月（こんげつ）	来月（らいげつ）
去年（きょねん）	今年（ことし）	来年（らいねん）

(1) 来週の水曜日までに作文を書いてください。

(2) 夏休みは来月の 23 日からです。

(3) 去年の 8 月にタイへ行きました。

練習 Exercise

c. 絵を見て例のように言いましょう。

例　まず、テープを入れて、ふたをします。
それから、ボタンを押します。

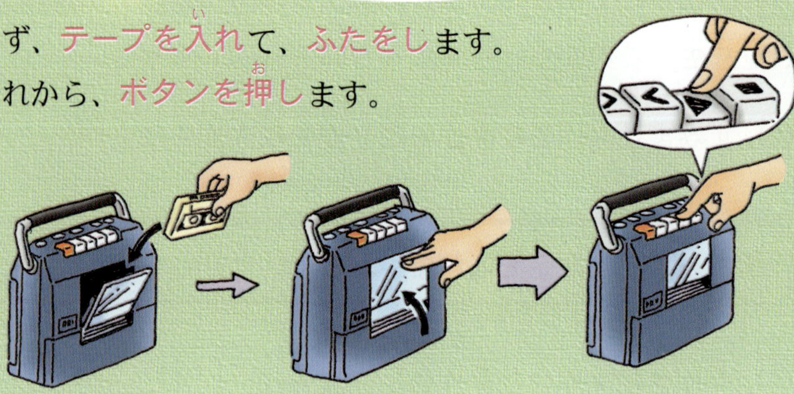

1. 洗濯物と洗剤を入れる　　ふたをする　　お金を入れる

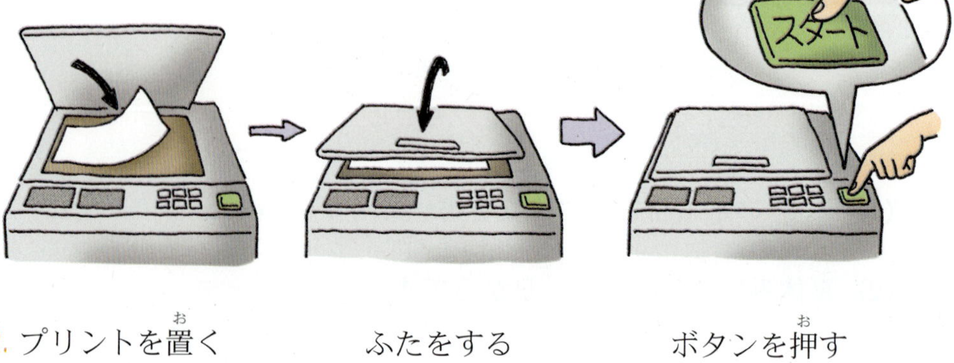

2. プリントを置く　　ふたをする　　ボタンを押す

d. 絵を見て例のように言いましょう。

例 買い物をして、うちへ帰りました。

1. テレビ　　晩ごはん

2. おふろ　　10時

3. 7時　　新聞　　会社

e. 絵を見て例のように言いましょう。

例　レストランへ行って、晩ごはんを食べました。

1. 図書館／本

2. うち／手紙

3. デパート／ハンドバッグ

練習問題

1 表(ひょう)を完成(かんせい)しなさい。

ます形(けい)	グループ	辞書形(じしょけい)	て形(けい)	ます形(けい)	グループ	辞書形(じしょけい)	て形(けい)
買(か)います				教(おし)えます			
手伝(てつだ)います				来(き)ます			
読(よ)みます				します			
行(い)きます				使(つか)います			
話(はな)します				借(か)ります			

2 ＿＿＿にひらがなをひとつ書(か)きなさい。

1. A　ここでたばこ＿＿＿吸(す)ってもいいですか。
   B　たばこ＿＿＿ちょっと…。
2. 廊下(ろうか)＿＿＿たばこ＿＿＿吸(す)ってはいけません。
3. A　すみません。このテープ＿＿＿借(か)りてもいいですか。
   B　ええ。でも、明日(あした)まで＿＿＿返(かえ)してください。
4. 来週(らいしゅう)＿＿＿日曜日(にちようび)＿＿＿コンサートに行(い)きます。
5. 各階(かくかい)＿＿＿洗面所(せんめんじょ)と台所(だいどころ)＿＿＿あります。自由(じゆう)＿＿＿使(つか)ってください。

3 絵を見て例のように書きなさい。

例 A 　持ちましょうか。

B 　すみません。お願いします。

1. A ＿＿＿＿＿＿＿＿＿＿＿＿＿＿＿＿

B 　すみません。お願いします。

2. A ＿＿＿＿＿＿＿＿＿＿＿＿＿＿＿＿

B 　お願いします。

4 絵を見て例のように書きなさい。

例 A 　この本を借りてもいいですか。

B 　ええ、いいですよ。

1. A ＿＿＿＿＿＿＿＿＿＿＿＿＿＿＿＿

B 　いいえ、ここでたばこを吸ってはいけません。

5 図書館の規則を読んで、いいものに○、よくないものに×をつけなさい。

図書館では…

1. たばこを吸ってはいけません。
2. 大きい声で話してはいけません。
3. おかしを食べてはいけません。
4. ジュースを飲んではいけません。
5. 荷物をロッカーに入れてください。
6. 辞書を持って帰ってはいけません。

(　　)

(　　)

(　　)

(　　)

(　　)

(　　)

6 次の文を読んで正しいものに○、正しくないものに×を書きなさい。

(月曜日、学校で)

A　この本を借りてもいいですか。

B　ええ、いいですよ。でも、水曜日までに返してください。

(　　) 木曜日に返してもいいです。

(　　) 水曜日に返してもいいです。

(　　) 火曜日に返してもいいです。

(　　) 月曜日に返してもいいです。

7 絵を見て例のように書きなさい。

例 （コインランドリー／使う）

すみません。コインランドリーの使い方を教えてください。

1. （漢字／読む）

____

____

2. （コピー／使う）

____

____

＊ コピー

8 絵を見て例のように書きなさい。

テレビ　　ごはん

例 テレビを見て、ごはんを食べました。

買い物　　うち

1. ______________________________

____

おふろ　10時（じゅうじ）

2. ____________________

____

図書館（としょかん）　本（ほん）

3. ____________________

____

郵便局（ゆうびんきょく）　切手（きって）

4. ____________________

____

9　本文（ほんぶん）2を読（よ）んで、正（ただ）しいものには○、正しくないものには×をつけなさい。

1. （　　）10時半（じゅうじはん）に学生会館（がくせいかいかん）へ帰（かえ）ります。
2. （　　）洗面所（せんめんじょ）と台所（だいどころ）を使（つか）ってはいけません。
3. （　　）部屋（へや）の中（なか）で料理（りょうり）をしてください。
4. （　　）洗面所（せんめんじょ）に洗濯機（せんたくき）があります。
5. （　　）朝（あさ）、おふろに入（はい）ってはいけません。

10 団体旅行

2-01

東京から熱海まで、新幹線で行きます。

(東京駅で)

みなさん、今から今日の予定を言います。

まず、東京から熱海まで、新幹線こだま 402 号で行きます。こだま 402 号は、午後2時 21 分に東京駅を出て、3時 15 分に熱海に着きます。

熱海で新幹線を降りて、バスに乗ります。下田までバスで行きます。途中、伊東でバスを降りて休憩します。熱海から下田まで2時間ぐらいかかります。5時半ごろ下田に着きます。

文型 Sentence Pattern

2-02

1 2時(にじ)21分(にじゅういっぷん)

2：01	にじ　いっぷん		2：02	にじ　にふん
2：03	にじ　さんぷん		2：04	にじ　よんぷん
2：05	にじ　ごふん		2：06	にじ　ろっぷん
2：07	にじ　ななふん		2：08	にじ　はっぷん／はちふん
2：09	にじ　きゅうふん		2：10	にじ　じっぷん

2 新宿(しんじゅく)で電車(でんしゃ)に乗(の)ります。

(1) 新宿(しんじゅく)から渋谷(しぶや)まで電車(でんしゃ)で行(い)きます。
／山手線(やまのてせん)で行(い)きます。
※ 私(わたし)は毎日(まいにち)歩(ある)いて学校(がっこう)へ来(き)ます。

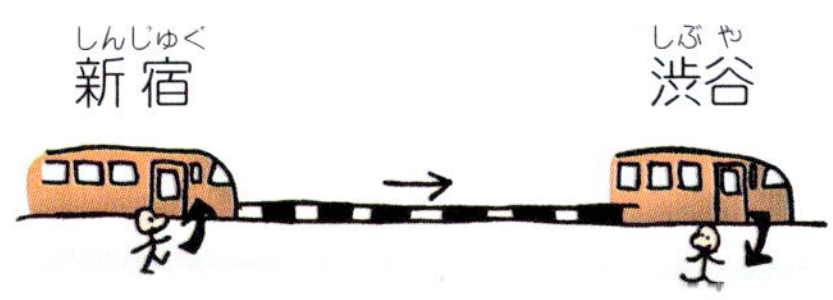

(2) 新宿(しんじゅく)で電車(でんしゃ)に乗(の)ります。

(3) 渋谷(しぶや)で電車(でんしゃ)を降(お)ります。

(4) 渋谷(しぶや)で東横線(とうよこせん)に乗(の)り換(か)えます。

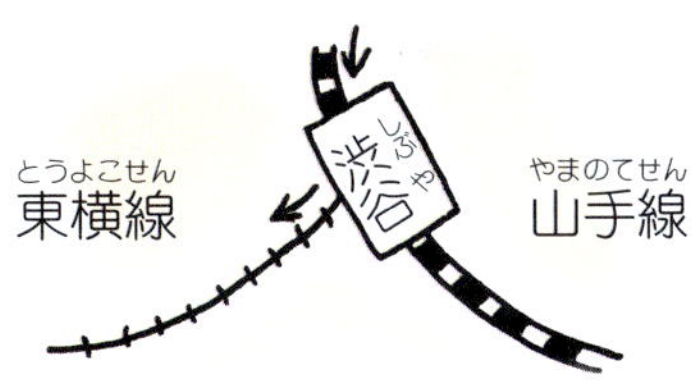

(5) 2時(にじ)21分(にじゅういっぷん)に東京駅(とうきょうえき)を出(で)ます。

(6) 3時(さんじ)15分(じゅうごふん)に熱海(あたみ)に着(つ)きます。

(7) 東京(とうきょう)から熱海(あたみ)まで54分(ごじゅうよんぷん)かかります。

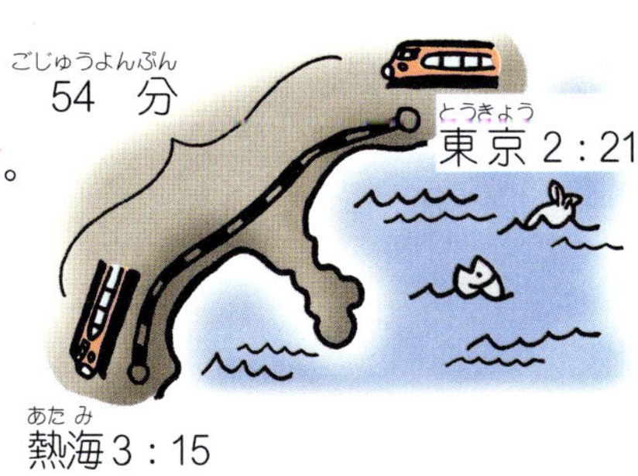

練習 Exercise

a. 絵を見て例のように言いましょう。

例 新宿から横浜の友達のうちへ行く

新宿から、山手線と東横線で、横浜の友達のうちへ行きます。
まず、新宿で山手線に乗って、渋谷で降ります。
渋谷で東横線に乗り換えて、横浜で降ります。
横浜から友達のうちまで歩いて行きます。
新宿から友達のうちまで1時間 40 分ぐらいかかります。

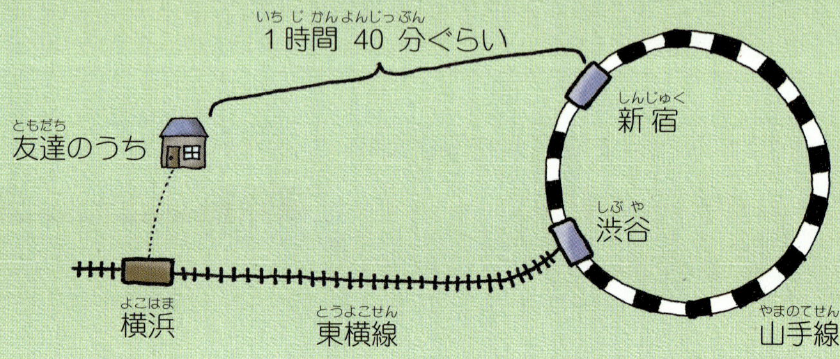

1. 新宿からディズニーランドへ行く

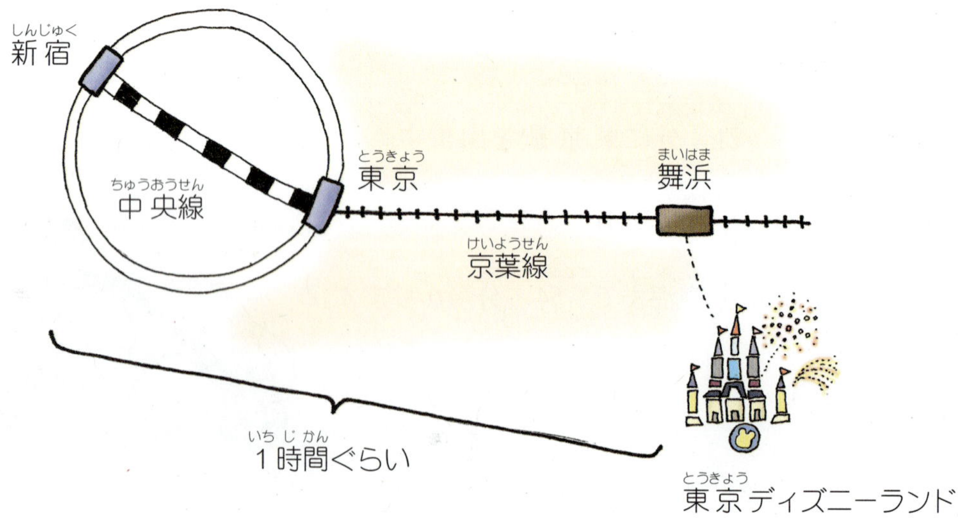

b. 時刻表を見て、例のように言いましょう。

例 この電車は8時44分に新宿を出て、9時5分に東京に着きます。

中央線　時刻表

	例)	1.	2.
新宿	8：44	10：00	10：57
東京	9：05	10：22	11：18

京葉線　時刻表

	3.	4.	5.
東京	9：21	10：43	11：46
舞浜	9：35	10：56	11：59

2

2-03

電話(でんわ)をしています。

（伊東(いとう)で）

添乗員(てんじょういん)　みなさん、もうすぐ出発(しゅっぱつ)します。バスに乗(の)ってください。

マリー　あれっ、広田(ひろた)さんや林(はやし)さんは？

山本(やまもと)　広田(ひろた)さんは、今(いま)、電話(でんわ)をしています。

マリー　林(はやし)さんは？

山本(やまもと)　林(はやし)さんは売店(ばいてん)の前(まえ)でアイスクリームを食(た)べています。

マリー　木村(きむら)さんと長井(ながい)さんは？

山本(やまもと)　さあ…。

マリー　あっ、あそこです。池(いけ)のそばで写真(しゃしん)を撮(と)っていますよ。

添乗員(てんじょういん)　みなさん、急(いそ)いでください。

文型 Sentence Pattern

3 広田(ひろた)さんは、今(いま)、電話(でんわ)を**しています**。

(1) *A* 林(はやし)さんはどこですか。

B 売店(ばいてん)の前(まえ)でアイスクリームを食(た)べています。

(2) *A* 今(いま)、何(なに)をしていますか。

B 手紙(てがみ)を書(か)いています。

練習 Exercise

c. 何(なに)をしていますか。
絵(え)を見(み)て言(い)いましょう。

寝(ね)る／本(ほん)を読(よ)む／お菓子(かし)を食(た)べる／話(はな)す
写真(しゃしん)を撮(と)る／ビールを飲(の)む／歌(うた)を歌(うた)う／音楽(おんがく)を聞(き)く

3

2-04

新館(しんかん)の部屋(へや)は洋室(ようしつ)で、旧館(きゅうかん)の部屋(へや)は和室(わしつ)です。

(下田(しもだ)のホテルで)

添乗員(てんじょういん)	みなさん、お疲(つか)れさまでした。部屋(へや)に入(はい)って荷物(にもつ)を置(お)いてください。 みなさんの部屋(へや)は新館(しんかん)の4階(よんかい)と旧館(きゅうかん)の2階(にかい)です。
広田(ひろた)	部屋(へや)は全部(ぜんぶ)和室(わしつ)ですか。
添乗員(てんじょういん)	いいえ、新館(しんかん)の部屋(へや)は洋室(ようしつ)で、旧館(きゅうかん)の部屋(へや)は和室(わしつ)です。
林(はやし)	外出(がいしゅつ)の時(とき)、かぎや貴重品(きちょうひん)はどうしますか。
添乗員(てんじょういん)	かぎはフロントに預(あず)けて、貴重品(きちょうひん)は持(も)って行(い)ってください。

文型 sentence pattern

4 新館(しんかん)の部屋(へや)は洋室(ようしつ)で、旧館(きゅうかん)の部屋(へや)は和室(わしつ)です。

新館(しんかん)の部屋(へや)は洋室(ようしつ)です。
旧館(きゅうかん)の部屋(へや)は和室(わしつ)です。
→ 新館(しんかん)の部屋(へや)は洋室(ようしつ)で、旧館(きゅうかん)の部屋(へや)は和室(わしつ)です。

(1) *A* 池袋(いけぶくろ)までいくらですか。
B 大人(おとな)は 150(ひゃくごじゅう) 円(えん)で、子供(こども)は 80(はちじゅう) 円(えん)です。

(2) 吉田(よしだ)さんは学生(がくせい)で、佐藤(さとう)さんは会社員(かいしゃいん)です。

(3) 広田(ひろた)さんのかばんは黒(くろ)くて、林(はやし)さんのかばんは青(あお)いです。

練習問題

1 ＿＿にひらがなをひとつ書きなさい。

1. 新宿から横浜まで電車＿＿行きます。
2. 9時＿＿新宿駅＿＿出ます。
3. 新宿＿＿山手線＿＿乗ります。
4. 渋谷＿＿山手線＿＿降ります。
5. 渋谷＿＿東横線＿＿乗り換えます。
6. 10時 40 分ごろ横浜＿＿着きます。

2 例のように正しいものに○をつけなさい。

例　2：10
- a. にじじっぷん
- b. にじにじっぷん
- c. にちじっぷん

1. 3：43
   - a. さんじよんじうさんぷん
   - b. さんじよんじゅうさんぷん
   - c. さんじよんじっぷん

2. 7：09
   - a. しちじきゅうふん
   - b. しちじくふん
   - c. しちじくうぷん

3. 4：26
   - a. よじにじゅうろっぷん
   - b. よじにじゅうろふん
   - c. よんじにじゅうろっぷん

4. 12 : 52
- a. じゅうにじごじゅうにいふん
- b. じゅうにじごじゅうにっぷん
- c. じゅうにじごじゅうにふん

5. 9 : 18
- a. くうじじゅうはっぷん
- b. くうじじゅうはちぷん
- c. くじじゅうはっぷん

3 絵(え)を見(み)て例(れい)のように書(か)きなさい。

例 ごはんを　食(た)べています。

3. 手紙(てがみ)を＿＿＿＿＿＿＿＿

1. 写真(しゃしん)を＿＿＿＿＿＿＿＿

4. 本(ほん)を＿＿＿＿＿＿＿＿

2. 電話(でんわ)を＿＿＿＿＿＿＿＿

5. 歌(うた)を＿＿＿＿＿＿＿＿

6. 音楽（おんがく）を＿＿＿＿＿＿＿＿＿＿

8. ＿＿＿＿＿＿＿＿＿＿＿＿＿＿

7. ビールを＿＿＿＿＿＿＿＿＿＿

9. ＿＿＿＿＿＿＿＿＿＿＿＿＿＿

4 ＿＿に適当（てきとう）な言葉（ことば）を書（か）きなさい。

旧館（きゅうかん）(和室（わしつ）)	10,000（いちまん）円（えん）
新館（しんかん）(洋室（ようしつ）)	12,000（いちまんにせんえん）円

(電話（でんわ）で)

男（おとこ）の人（ひと）　すみません。文化（ぶんか）ホテルの部屋（へや）は全部（ぜんぶ）洋室（ようしつ）ですか。

ホテルの人（ひと）　いいえ、旧館（きゅうかん）の部屋（へや）は＿＿＿＿＿＿＿＿＿＿＿＿、

新館（しんかん）の部屋（へや）は＿＿＿＿＿＿＿＿＿＿＿＿

男（おとこ）の人（ひと）　いくらですか。

ホテルの人（ひと）　和室（わしつ）は＿＿＿＿＿＿＿＿＿＿、洋室（ようしつ）は＿＿＿＿＿＿＿＿＿＿

5 絵を見て、＿＿に適当な言葉を書きなさい。

添乗員　みなさん、もうすぐ出発します。バスに乗ってください。

マリー　あれっ、広田さんや林さんは？

山本　広田さんは、今、＿＿＿＿＿＿＿＿を＿＿＿＿＿＿＿＿

マリー　林さんは？

山本　林さんは売店の前で＿＿＿＿＿＿＿＿を＿＿＿＿＿＿＿＿

マリー　木村さんと長井さんは？

山本　さあ…。

マリー　あ、あそこです。池のそばで＿＿＿＿＿＿＿＿を＿＿＿＿＿＿＿＿

添乗員　みなさん、急いでください。

11 自己紹介(じこしょうかい)

2-05

私(わたし)はマリー・ジジョンラクです。

私(わたし)はマリー・ジジョンラクです。タイのバンコクから来(き)ました。今(いま)、横浜(よこはま)に住(す)んでいます。

私(わたし)はタイの高校(こうこう)を卒業(そつぎょう)してからファッション関係(かんけい)の会社(かいしゃ)に勤(つと)めていました。今年(ことし)の3月(がつ)に会社(かいしゃ)をやめて、日本(にほん)へファッションの勉強(べんきょう)をしに来(き)ました。

私(わたし)は自分(じぶん)でデザインして洋服(ようふく)を作(つく)るのが好(す)きです。いろいろなデザイナーの服(ふく)を見(み)るのも好(す)きで、ときどき友達(ともだち)とファッションショーに行(い)きます。私(わたし)は日本(にほん)の着物(きもの)にとても興味(きょうみ)があります。

どうぞよろしくお願(ねが)いします。

文型 Sentence Pattern

1 家族の呼び方

私の家族

祖母（そぼ）　祖父（そふ）　祖母（そぼ）　祖父（そふ）

母（はは）　父（ちち）

両親（りょうしん）

兄弟（きょうだい）

妹（いもうと）　弟（おとうと）　私（わたし）　姉（あね）　兄（あに）

兄弟の呼び方 ①			
三番目の弟 一番下の弟	二番目の弟	一番目の弟	私

兄弟の呼び方 ②			
私	三番目の姉	二番目の姉	一番目の姉 一番上の姉

吉田(よしだ)さんのご家族(かぞく)

お祖母さん
(おばあさん)

お祖父さん
(おじいさん)

お祖母さん
(おばあさん)

お祖父さん
(おじいさん)

お母さん
(おかあさん)

お父さん
(おとうさん)

ご両親
(ごりょうしん)

ご兄弟
(ごきょうだい)

妹さん
(いもうとさん)

弟さん
(おとうとさん)

吉田さん
(よしださん)

お姉さん
(おねえさん)

お兄さん
(おにいさん)

(1) *A* ご家族(かぞく)は何人(なんにん)ですか。
B 私(わたし)を入(い)れて7人(にん)です。

(2) *A* ご兄弟(きょうだい)はいらっしゃいますか。
B ええ、兄(あに)が一人(ひとり)と妹(いもうと)が一人(ひとり)います。

2 横浜(よこはま)に住(す)んでいます。

(1) 父(ちち)は会社(かいしゃ)を経営(けいえい)しています。

(2) 兄(あに)は貿易会社(ぼうえきがいしゃ)に勤(つと)めています。

(3) 姉(あね)は結婚(けっこん)しています。

(4) 弟(おとうと)は大学(だいがく)で経済学(けいざいがく)を勉強(べんきょう)しています。

(5) 良子(よしこ)　アルンさんはアルバイトをしていますか。

アルン　いいえ、していません。

3 高校(こうこう)を卒業(そつぎょう)してから会社(かいしゃ)に勤(つと)めていました。

(1) 宿題(しゅくだい)をしてからテレビを見(み)ます。

(2) *A* 今(いま)、コーヒーを飲(の)みますか。

B いいえ、ごはんを食(た)べてから飲(の)みます。

4 ファッションの勉強(べんきょう)をします。

(1) コンピューターの勉強(べんきょう)をします。

(2) 経営学(けいえいがく)の勉強(べんきょう)をします。

※ 経営学(けいえいがく)を勉強(べんきょう)します。

5 日本(にほん)へファッションの勉強(べんきょう)をしに来(き)ました。

(1) 本屋(ほんや)へ辞書(じしょ)を買(か)いに行(い)きます。

(2) 日曜日(にちようび)に友達(ともだち)の家(いえ)へ遊(あそ)びに行(い)きました。

※ 日本へファッションの勉強に来ました。

6 ファッションショーに行きます。

(1) ピアノのコンサートに行きます。

(2) 昨日、友達の結婚式に行きました。

7 洋服を作るのが好きです。

(1) 吉田　佐藤さんは何をするのが好きですか。
　　佐藤　私は木を読むのが好きです。

(2) 吉田　佐藤さんは、いつも自分で料理をしますか。
　　佐藤　いいえ。私は料理をするのはあまり好きじゃありません。

8 A　誰とファッションショーに行きますか。
　　B　友達と行きます。

(1) 私は昼休みにチンさんといっしょにごはんを食べます。

※ 私は一人でごはんを食べます。

練習 Exercise

a. 下の絵を見て言いましょう。

例　私は絵をかくのが好きです。

1. 絵を見る

2. 散歩をする

3. 音楽を聞く

2-06

私の家族

私の家族

八組 マリー・ジジョンラク

私の家族は私を入れて七人です。父と母、姉と兄が二人と弟と私です。両親と兄と弟はタイにいますが、姉は結婚してフランスに住んでいます。

父は貿易会社を経営しています。母は中学校の先生です。一番目の兄は銀行に勤めています。二番目の兄はタイの大学でコンピューターの勉強をしています。弟は高校生です。

3

2-07

デザインの勉強(べんきょう)をしたいです。

先生(せんせい)　マリーさんはこの学校(がっこう)を卒業(そつぎょう)してからどうしますか。

マリー　デザインの勉強(べんきょう)をしたいです。

将来(しょうらい)、デザイナーになりたいです。

先生(せんせい)　そうですか。もう学校(がっこう)を決(き)めましたか。

マリー　いいえ、まだはっきり決(き)めていませんが、

専門学校(せんもんがっこう)に入(はい)りたいです。

先生(せんせい)　もうご両親(りょうしん)と相談(そうだん)しましたか。

マリー　いいえ、まだです。

先生(せんせい)　じゃ、早(はや)くご両親(りょうしん)と相談(そうだん)して決(き)めてください。

マリー　はい。

文型 Sentence pattern

9

デザインの勉強(べんきょう)をしたいです。

(1) 将来(しょうらい)、日本(にほん)の会社(かいしゃ)に就職(しゅうしょく)したいです。

(2) A 何(なに)か食(た)べますか。

B ありがとう。でも、今(いま)、何(なに)も食(た)べたくありません。

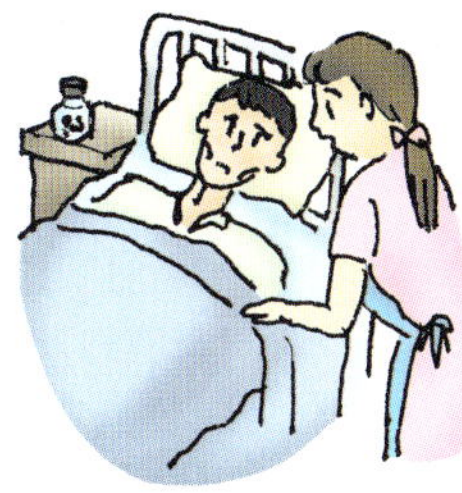

(3) 将来(しょうらい)、アナウンサーになりたいです。

※ 映画(えいが)を見(み)たいです。／映画(えいが)が見(み)たいです。

10

A もう学校(がっこう)を決(き)めましたか。

B はい、もう決(き)めました。
いいえ、まだ決(き)めていません。

(1) A もう宿題(しゅくだい)をしましたか。

B はい、もうしました。

(2) A 田中(たなか)さんはもう来(き)ましたか。

B いいえ、まだ来(き)ていません。

(3) A もう辞書(じしょ)を買(か)いましたか。

B いいえ、まだです。

練習問題

1 ＿＿にひらがなをひとつ書きなさい。

1. 私の兄はアメリカの大学＿＿コンピューター＿＿勉強＿＿しています。

2. 私は料理をする＿＿ ＿＿好きです。

3. A　この学校を卒業してからどうしますか。
   B　絵＿＿勉強＿＿したいです。

4. A　私は横浜＿＿住んでいます。
   B　一人＿＿住んでいますか。
   A　いいえ、友達＿＿いっしょに住んでいます。

2 例のように（　　）の言葉を適当な形にして＿＿に書きなさい。

例　母は高校で英語を＿＿教えて＿＿います。
（教える）

1. 父は貿易会社に＿＿＿＿＿＿います。
（勤める）

2. 私は今、新宿に＿＿＿＿＿＿います。
（住む）

3. 兄は＿＿＿＿＿＿います。
（結婚する）

4. 郵便局で切手を＿＿＿＿＿＿からデパートへ行きました。
（買う）

5. ごはんを＿＿＿＿＿＿からおふろに入りました。
（食べる）

3 例のように書きなさい。

例 A どこへ行きますか。
B 本屋へ ___辞書を買い___ に行きます。

伊藤記者 アメリカへ何をしに行きますか。

マリー ________________________

佐藤 ________________________

吉田 ________________________

4 絵を見て例のように書きなさい。

例 私は___洋服を作る___のが好きです。

1. 私は________________のが好きです。

2. 私は________________のが好きです。

3. A 佐藤さんはいつも自分で洗濯をしますか。
   B はい。でも、________________のはあまり好きじゃありません。

例

1.

2.

3.

5 ＿＿に適当な言葉を書きなさい。

1. A　もう宿題をしましたか。

   B　はい、もう＿＿＿＿＿＿＿＿＿＿＿＿＿＿＿＿＿＿＿＿

2. A　田中さんはもう来ましたか。

   B　いいえ、まだ＿＿＿＿＿＿＿＿＿＿＿＿＿＿＿＿＿＿＿

3. A　もうごはんを食べましたか。

   B　いいえ、まだ＿＿＿＿＿＿＿＿＿＿＿＿＿＿＿＿＿＿＿

4. A　もう日本語の辞書を買いましたか。

   B　はい、もう＿＿＿＿＿＿＿＿＿＿＿＿＿＿＿＿＿＿＿＿

6 例のように(　　)の言葉を適当な形にして＿＿に書きなさい。

> 例　私はコンピューターの勉強を＿＿し＿＿たいです。
> 　　　　　　　　　　　　　　　　　(する)

1. 私は夏休みに下田へ＿＿＿＿＿＿たいです。
   (行く)

2. 私はこの学校を卒業してから専門学校に＿＿＿＿＿＿たいです。
   (入る)

3. A　何か食べますか。

   B　ありがとう。でも、今、何も＿＿＿＿＿＿たくありません。
   (食べる)

4. 私は先生に＿＿＿＿＿＿たいです。
   (なる)

5. 私は将来、国で日本語を＿＿＿＿＿＿たいです。
   (教える)

7 質問に答えなさい。

1. あなたは今、どこで日本語を勉強していますか。

2. あなたはどこから来ましたか。

3. 今、どこに住んでいますか。

4. 高校(大学)を卒業してから、国で何をしていましたか。

5. いつ日本へ来ましたか。

6. 日本へ何を勉強しに来ましたか。

7. 何をするのが好きですか。

8. 何に興味がありますか。

9. この学校を卒業してから何をしたいですか。

10. 将来、何をしたいですか。

8 質問に答えなさい。

1. あなたのご家族は何人ですか。

____

2. あなたのご家族はどこにいらっしゃいますか。

____

3. ご両親は何をしていらっしゃいますか。

____

____

4. ご兄弟は何をしていらっしゃいますか。

____

____

9 ＿＿に適当な言葉を書きなさい。

私はマリー・ジジョンラクです。タイのバンコクから＿＿＿＿＿＿＿＿
今、横浜に＿＿＿＿＿＿＿＿

私はタイの高校を＿＿＿＿＿＿＿＿てからファッション関係の会社に＿＿＿＿＿＿＿＿今年の３月に会社を＿＿＿＿＿＿＿＿、日本へファッションの＿＿＿＿＿＿＿＿に来ました。

私は自分でデザインして洋服を＿＿＿＿＿＿＿＿のが好きです。いろいろなデザイナーの服を＿＿＿＿＿＿＿＿のも好きで、ときどき友達とファッションショーに行きます。私は日本の着物にとても興味が＿＿＿＿＿＿＿＿

どうぞよろしくお願いします。

12 料理教室（りょうりきょうしつ）

2-08

たまねぎを薄（うす）く切（き）ります。

牛（ぎゅう）どん　材料（ざいりょう）（4人分（にんぶん））

牛肉（ぎゅうにく）（薄切（うすぎ）り）		200g
たまねぎ		2個（こ）
だし		200cc
調味料（ちょうみりょう）	しょうゆ	大（おお）さじ3
	酒（さけ）	大（おお）さじ2
	砂糖（さとう）	大（おお）さじ2
油（あぶら）		少々（しょうしょう）
ごはん		4人分（にんぶん）

牛肉（ぎゅうにく）

たまねぎ

だし

しょうゆ

酒（さけ）

ごはん

砂糖（さとう）

油（あぶら）

アシスタント　こんにちは。料理教室の時間です。今日の料理は牛どんです。材料はこの表をごらんください。では、山田先生、お願いします。

山田先生　はい。まず、たまねぎを切ります。初めに半分に切って、それから薄く切ります。

アシスタント　はい。

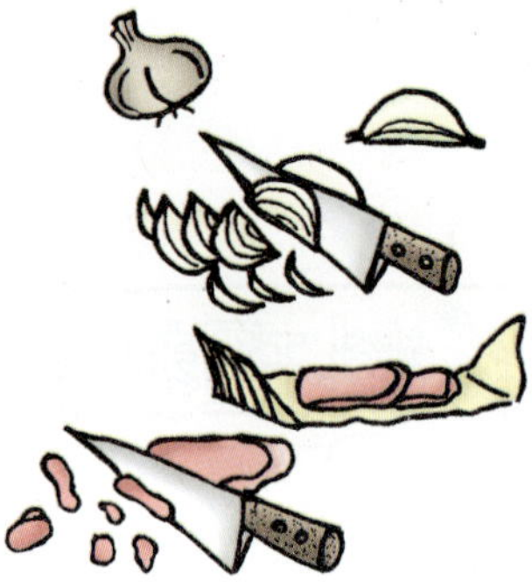

山田先生　次に、牛肉を切ります。

アシスタント　先生、大きさは？

山田先生　適当に切ってください。

アシスタント　はい。

これでいいですか。

山田先生　もっと大きく切ってもいいですよ。

アシスタント　はい。

山田先生　これをなべで炒めます。

まず、油を入れて、それから牛肉とたまねぎを入れます。

アシスタント　はい。

山田先生　ここに、だしと調味料を入れて、3分ぐらい煮ます。

アシスタント　ふたをしますか。

山田先生　いいえ、しません。

アシスタント　先生(せんせい)、もういいですか。

山田先生(やまだせんせい)　はい。火(ひ)を止(と)めてください。

温(あたた)かいごはんの上(うえ)にこれをのせます。

これで、できあがりです。

アシスタント　先生(せんせい)、この料理(りょうり)のポイントは何(なん)ですか。

山田先生(やまだせんせい)　牛肉(ぎゅうにく)を長(なが)く煮(に)てはいけません。長(なが)く煮(に)ると、固(かた)くなります。それから、いろいろな野菜(やさい)を入(い)れるとおいしくなります。

アシスタント　そうですか。

先生(せんせい)、今日(きょう)はどうもありがとうございました。

文型 sentence pattern

1 料理(りょうり)のことば

(1) たまねぎを切(き)ります。

(2) 牛肉(ぎゅうにく)とたまねぎを炒(いた)めます。

(3) 牛肉(ぎゅうにく)とたまねぎを煮(に)ます。

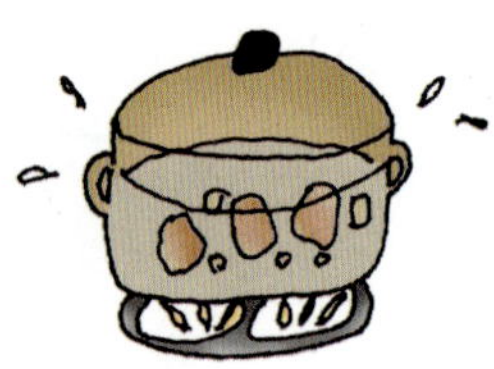

(4) 火(ひ)を止(と)めます。

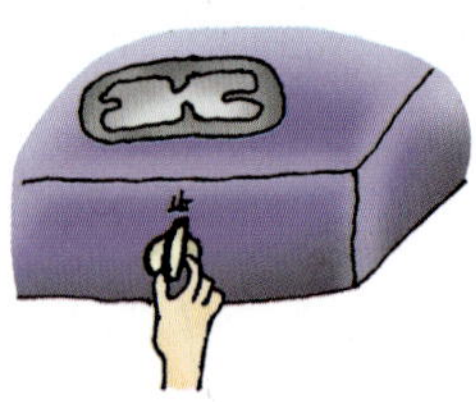

(5) なべに油(あぶら)を入(い)れます。

(6) 温(あたた)かいごはん(の上(うえ))にこれをのせます。

2 もっと大きく切ってください。

(1) （かばん売場で）

店員　このかばんはどうですか。

客　そうですね。もっと大きいのはありませんか。

(2) 先生　もっときれいに書いてください。

学生　はい。

名前 ボビー

3 なべで炒めます。

(1) *A*　日本人は何でごはんを食べますか。

B　はしで食べます。

(2) ボールペンで書いてください。

(3) 包丁で肉を切ります。

4 たまねぎを薄く切ります。

い形容詞 ＋ 動詞　　　**薄い → 薄く切ります**

(1) 私は毎朝早く起きます。

(2) ゆうべ、遅く帰りました。

※ きれいにそうじをしてください。（☞ 9課－文型７）

5 固(かた)くなります。

い形容詞(けいようし)
な形容詞(けいようし)　＋　なります
名詞(めいし)

高(たか)い　→　高(たか)くなります。
にぎやか　→　にぎやかになります。
休(やす)み　→　休(やす)みになります。

(1) 東京(とうきょう)では、7月(がつ)ごろから気温(きおん)が高(たか)くなります。

(2) *A* 大(おお)きくなりましたね。
B ええ。

(3) 前(まえ)はさしみが嫌(きら)いでしたが、
今(いま)は好(す)きになりました。

(4) ここは小(ちい)さい旅館(りょかん)でしたが、
来年(らいねん)大(おお)きいホテルになります。

6 薄切(うすぎ)りの牛肉(ぎゅうにく)を長(なが)く煮(に)ると、固(かた)くなります。

(1) コーヒーに砂糖(さとう)を入(い)れると、甘(あま)くなります。

(2) 牛(ぎゅう)どんにいろいろな野菜(やさい)を入(い)れると、おいしくなります。

(3) この辺(へん)は、夜(よる)になると、静(しず)かになります。

7 動詞基本体（現在）

	辞書形	肯定形		否定形	
		です・ます体	基本体	です・ます体	基本体
G 1	読む	読みます	読む	読みません	読まない
	買う	買います	買う	買いません	買わない
	切る	切ります	切る	切りません	切らない
	ある	あります	ある	ありません	※ ない
G 2	食べる	食べます	食べる	食べません	食べない
	入れる	入れます	入れる	入れません	入れない
	炒める	炒めます	炒める	炒めません	炒めない
	煮る	煮ます	煮る	煮ません	煮ない
	いる	います	いる	いません	いない
G 3	する	します	する	しません	しない
	来る	来ます	来る	来ません	来ない

G：グループ

動詞基本体　否定形の作り方

グループ 1

読む　→　読まない　（ま　み　む　め　も）

買う　→　買わない　（わ　い　う　え　お）

切る　→　切らない　（ら　り　る　れ　ろ）

グループ 2

食べる　→　食べない

見る　→　見ない

グループ 3

する　→　しない

来る　→　来ない

料理(りょうり)のことば

牛肉(ぎゅうにく)　ぶた肉(にく)　とり肉(にく)　たまご

たまねぎ　キャベツ　じゃがいも　にんじん　だいこん　きゅうり　ねぎ

ごはん　パン　魚(さかな)　貝(かい)　いか　えび

だし　油(あぶら)　しょうゆ　砂糖(さとう)　こしょう　塩(しお)

炒(いた)めます

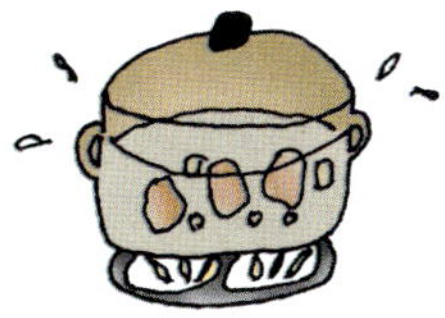

煮(に)ます

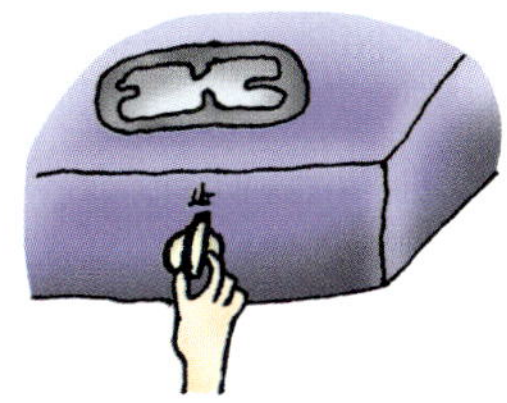

火(ひ)を止(と)めます

ごはんをたきます

入(い)れます

焼(や)きます

お湯(ゆ)をわかします

(お)なべ

フライパン

ボール

大(おお)さじ　小(こ)さじ

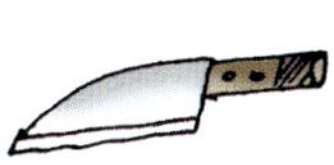

包丁(ほうちょう)

おたま

(お)はし

ちゃわん

どんぶり

練習問題

1 表を完成しなさい。

辞書形	グループ	肯定形		否定形	
		です・ます体	基本体	です・ます体	基本体
行く					
		います			
				しません	
			切る		
					ない
来る					
			入れる		

2 ＿＿にひらがなをひとつ書きなさい。

1. たまねぎ＿＿切ります。
2. 野菜＿＿煮ます。
3. 火＿＿止めます。
4. 牛肉＿＿炒めます。
5. 紅茶＿＿砂糖＿＿入れます。
6. 温かいごはん＿＿肉＿＿のせます。
7. はし＿＿ごはんを食べます。

3 絵を見て例のように　　　から適当な言葉を選んで記号を書きなさい。

例 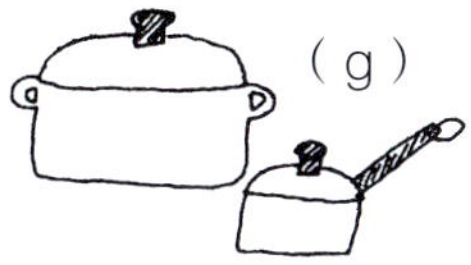 (g)

(　　)

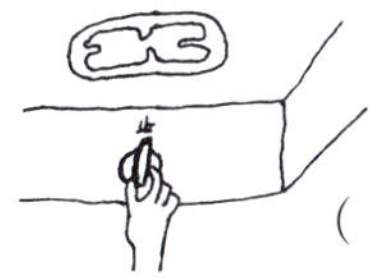 (　　)

 (　　)

 (　　)

 (　　)

 (　　)

a. 切る　　b. 炒める　　c. ごはんの上にのせる
d. 火を止める　　e. なべに 油 を入れる　　f. 煮る　　g. なべ

4 例のように(　　)の言葉を適当な 形 にして＿＿＿に書きなさい。

例 今日は＿早く＿起きました。
(早い)

1. 昨日＿＿＿＿＿＿寝たので、今日遅刻しました。
(遅い)

2. もっと＿＿＿＿＿＿書いてください。
(きれい)

3. 前は、おさしみが嫌いでしたが、＿＿＿＿＿＿なりました。
(好き)

4. 砂糖をたくさん入れたので、コーヒーが＿＿＿＿＿＿なりました。
(甘い)

5. 来 週 から学校が＿＿＿＿＿＿なります。
(休み)

6. ハンバーガーは＿＿＿＿＿＿おいしいです。
(安い)

7. この学校の図書館は＿＿＿＿＿＿広いです。
(きれい)

5 AとBから適当な言葉を選んで例のように書きかえなさい。

A

- 例 長く煮ます。
- いろいろな野菜を入れます。
- 夏になります。
- 夜になります。
- 砂糖を入れます。

B

- 暑い
- 甘い
- 静か
- おいしい
- 例 固い

例 長く煮ると固くなります。

1. ______________________
2. ______________________
3. ______________________
4. ______________________

6 10課の本文1を見て、例のように団体旅行の1日目の予定をメモしなさい。

今日の予定　（東京→熱海→下田）

東京から熱海まで新幹線こだま402号で、例 行く。

　午後2時21分に東京駅を______________

　午後3時15分に熱海に______________

熱海で新幹線を______________、バスに______________

午後5時半ごろ下田に______________

　＊熱海から下田まで約2時間______________

　＊途中伊東で______________

7 (　　)に入る文を下の　　から選んで記号を書きなさい。

<牛どんの作り方>

まず、たまねぎと牛肉を切る。

たまねぎは、(　　　)。

牛肉は、(　　　)。

次に、(　　　)。

まず油を入れて、それから(　　　)。

それから(　　　)。

(　　　)。

a.　適当に切る
b.　だしと調味料を入れて3分ぐらい煮る
c.　温かいごはんにのせる
d.　薄く切る
e.　牛肉とたまねぎをなべで炒める
f.　牛肉とたまねぎを入れる

13 留学生の生活意識

2-09

アンケート

留学生生活意識調査

あてはまるものに○をつけてください。

1. 日本での生活は楽しいですか。
   a. 楽しい　　b. あまり楽しくない　　c. 楽しくない

2. 学習環境はいいですか。
   a. いい　　b. あまりよくない　　c. よくない

3. 学校の勉強は大変ですか。
   a. 大変だ　　b. あまり大変ではない　　c. 大変ではない

4. ことばの違いは大きい問題ですか。
   a. 大きい問題だ　　b. あまり大きい問題ではない
   c. 大きい問題ではない

5. 学校の外で、よく日本語を使いますか。
   a. よく使う　　b. ときどき使う　　c. あまり使わない

6. 日本人の友達はいますか。
   a. おおぜいいる　　b. 少しいる　　c. いない

7. ことばのほかに、生活や勉強の問題はありますか。
   a. たくさんある　　b. 少しある　　c. ない

文型 sentence pattern

1 い形容詞・な形容詞・名詞　基本体　（現在）

	辞書形	肯定形		否定形	
		です・ます体	基本体	です・ます体	基本体
い形	楽しい	楽しいです	楽しい	楽しくありません	楽しくない
	高い	高いです	高い	高くありません	高くない
	※いい	いいです	いい	よくありません	よくない
な形	静か	静かです	静かだ	静かじゃありません	静かじゃない
				静かではありません	静かではない
	きれい	きれいです	きれいだ	きれいじゃありません	きれいじゃない
				きれいではありません	きれいではない
名詞	問題	問題です	問題だ	問題じゃありません	問題じゃない
				問題ではありません	問題ではない

い形：い形容詞
な形：な形容詞

2 日本での生活は楽しいですか。

(1) 友達からの手紙を読みました。

(2) 熱海までの切符をください。

(3) ディズニーランドへの行き方を教えてください。

2-10

どう思（おも）いますか。

伊藤記者（いとうきしゃ）　現在（げんざい）、東京（とうきょう）には、おおぜいの留学生（りゅうがくせい）がいて、いろいろな学校（がっこう）で勉強（べんきょう）しています。

今日（きょう）は、留学生（りゅうがくせい）のみなさんに東京（とうきょう）での生活（せいかつ）についてインタビューします。

こちらはアルン・アマラポーンさんとリン・カイさんです。

アルンさんは大学院（だいがくいん）で経済学（けいざいがく）の勉強（べんきょう）をしている学生（がくせい）さんです。

それから、リンさんは大学（だいがく）で建築（けんちく）の勉強（べんきょう）をしている学生（がくせい）さんです。

伊藤記者（いとうきしゃ）　みなさんは東京（とうきょう）の生活環境（せいかつかんきょう）をどう思（おも）いますか。

リン　いいと思（おも）います。

伊藤記者（いとうきしゃ）　どうしていいと思（おも）いますか。

リン　安全だからです。

伊藤記者　アルンさんはどう思いますか。

アルン　私も安全でいい所だと思いますが、
問題もいろいろあると思います。

伊藤記者　たとえば？

アルン　物価が高いし、うるさいし、あまりいい環境じゃないと
思います。

リン　でも、いろいろな学校があるし、大きい本屋も多いし、
学生にとって便利だと思います。

文型 Sentence Pattern

3 アルンさんは大学院で経済学の勉強をしている学生です。

アルンさんは　大学院で経済学の勉強をしている　学生　です。

↓ 動詞（基本体）　↓ 名詞

(1) A　どの人が広田さんですか。
　　B　そうじをしている人です。

(2) リンさんはよく勉強する学生です。

4

A 東京の生活環境をどう思いますか。
B いいと思います。

(1) *A* 東京のバスは便利だと思いますか。
B いいえ、あまり便利じゃないと思います。

(2) *A* 学校の食堂をどう思いますか。
B 安くておいしいと思います。

(3) 東京はいい所だと思います。

(4) この学校の留学生はよく勉強すると思います。

5

A どうしていいと思いますか。
B 安全だからです。

(1) *A* この辞書はあまりよくないと思います。
B どうしてよくないと思いますか。
A 言葉が古いからです。

(2) *A* 学校は、楽しいですか。
B いいえ、あまり楽しくありません。
A どうしてですか。
B 友達が少ないからです。

6

いろいろな学校があるし、大きい本屋も多いし、とても便利です。

(1) *A* 仕事はどうですか。大変ですか。
B 忙しいし、給料は安いし、大変です。

(2) リンさんは、よく勉強するし、欠席しないし、本当にまじめな学生です。

練習 Exercise

a. 絵を見て例のように言いましょう。

2-11

例　A　どの人が林さんですか。
　　B　お茶を飲んでいる人です。

b. 例のように言いましょう。

2-12

例

A 学校の食堂をどう思いますか。

B いいと思います。

A どうしていいと思いますか。

B 安くておいしいからです。

1. 学校の図書館／いい／新しくてきれい
2. 日本の地下鉄／いい／速くて便利
3. 東京の生活環境／よくない／物価が高い
4. 学生会館の規則／厳しい／門限が早い

3

2-13

今(いま)はもう慣(な)れましたから、楽(たの)しいです。

伊藤記者(いとうきしゃ)　では、みなさんの学校生活(がっこうせいかつ)はいかがですか。

アルン　初(はじ)めは大変(たいへん)でしたが、今(いま)はもう慣(な)れましたから、楽(たの)しいです。

リン　私(わたし)も日本人(にほんじん)の友達(ともだち)ができましたから、楽(たの)しくなりました。

伊藤記者(いとうきしゃ)　授業(じゅぎょう)は全部(ぜんぶ)わかりますか。

リン　わかりやすい講義(こうぎ)とわかりにくい講義(こうぎ)があると思(おも)います。

伊藤記者(いとうきしゃ)　どんな講義(こうぎ)がわかりにくいですか。

リン　専門(せんもん)の講義(こうぎ)です。難(むずか)しい言葉(ことば)がたくさんありますから。

アルン　それに、黒板(こくばん)の字(じ)が読(よ)みにくい時(とき)も困(こま)ります。

リン　そうですね。

伊藤記者(いとうきしゃ)　講義(こうぎ)がよくわからない時(とき)は、どうしますか。

リン　日本人(にほんじん)の友達(ともだち)に聞(き)きます。

アルン　私(わたし)も隣(となり)の人(ひと)のノートを借(か)りて勉強(べんきょう)します。

文型 sentence pattern

7 どんな講義がわかりにくいですか。

(1) 辞書の字は小さくて読みにくいです。

(2) 外来語は覚えにくいです。

(3) *A* この雑誌は写真やグラフが多いですね。

B そうですね。わかりやすいですね。

8 今はもう慣れましたから、楽しいです。

(1) 先生　リンさん、夏休みに国へ帰りますか。

リン　いいえ、国から両親が来ますから、帰りません。

(2) 伊藤記者　よく図書館で勉強しますか。

アルン　はい、静かですから、よく行きます。

(3) 学生会館の先生　学生会館の説明をしますから、ロビーへ来てください。

新入生　はい。

(4) 物価が高いから、生活が大変です。

(5) 日本人の友達がおおぜいいるから、よく日本語を使います。

(6) リン　よく自分で料理をしますか。

アルン　いいえ、勉強が忙しいから、あまりしません。

9 講義がよくわからない時は、友達に聞きます。

(1) 問題がある時は、先生に相談します。

(2) テストの時は、きれいに書いてください。

(3) さびしい時は、友達に電話します。

(4) 暇な時は、ゆっくり新聞を読みます。

練習問題

1 表(ひょう)を完成(かんせい)しなさい。

肯定(こうてい)		否定(ひてい)	
です・ます体(たい)	基本体(きほんたい)	です・ます体(たい)	基本体(きほんたい)
楽(たの)しいです			楽(たの)しくない
いいです			
	きれいだ		
		大変(たいへん)じゃありません	
問題(もんだい)です			

2 ＿＿にひらがなをひとつ書(か)きなさい。

1. A　日本(にほん)＿＿ ＿＿生活(せいかつ)は楽(たの)しいですか。

   B　はい、楽(たの)しいです。

2. 渋谷(しぶや)＿＿ ＿＿ ＿＿切符(きっぷ)を買(か)ってください。

3. 郵便局(ゆうびんきょく)＿＿ ＿＿行(い)き方(かた)を教(おし)えてください。

4. 今日(きょう)、母(はは)＿＿ ＿＿ ＿＿荷物(にもつ)が来(き)ました。

5. リンさんは大学(だいがく)＿＿建築(けんちく)＿＿勉強(べんきょう)＿＿している学生(がくせい)です。

3 ＿＿に適当な言葉を書きなさい。

1. A 東京の生活環境をどう思いますか。

B ＿＿＿＿＿＿＿＿＿＿と思います。

2. A 東京の生活は大変ですか。

B はい、とても大変です。

A どうして大変ですか。

B ＿＿＿＿＿＿＿＿＿＿からです。

3. A 学生会館の規則をどう思いますか。

B 厳しいと思います。

A どうしてですか。

B ＿＿＿＿＿＿＿＿＿＿からです。

4. A リンさんの部屋はどんな部屋ですか。

B ＿＿＿＿＿＿し、＿＿＿＿＿＿し、とてもいい部屋です。

A アルンさんの部屋もいい部屋ですか。

B いいえ、＿＿＿＿＿＿し、＿＿＿＿＿＿し、あまりいい部屋じゃありません。

4 正しいものに○をつけなさい。

1. この本は、字が大きくて { a. 読みやすい / b. 読みにくい / c. 持ちやすい } です。

2. この肉は、固くて { a. 食べやすい / b. 食べにくい / c. 使いやすい } です。

3. 良子さんは、{ a. よくスポーツをして人 / b. よくスポーツをするの人 / c. よくスポーツをする人 } です。

4. 問題が { a. あって時 / b. あるの時 / c. ある時 } は、先生に相談します。

5 絵を見て例のように書きなさい。

例 A どの人が山口さんですか。
B <u>そうじをしている人です。</u>

1. A どの人が田中さんですか。
B ______________________

2. A どの人が長井さんですか。
B ______________________

3. A どの人が高橋さんですか。
B ______________________

4. A どの人が西村さんですか。
B ______________________

5. A どの人が 林 さんですか。
B ______________________

6 ____に適当な言葉を書きなさい。

伊藤記者　みなさんは東京の生活環境をどう思いますか。

リン　____________と思います。

伊藤記者　どうして____________と思いますか。

リン　____________からです。

伊藤記者　アルンさんはどう思いますか。

アルン　私も安全で____________と思いますが、
問題もいろいろ____________と思います。

伊藤記者　たとえば？

アルン　物価が____________し、____________し、あまりいい環境じゃない
と思います。

リン　でも、いろいろな学校が____________し、大きい本屋も多いし、
学生にとって____________と思います。

14 マリーさんの日記

2-14

3時15分に熱海に着いた。

五月十日(土) くもり

今、下田のホテルにいる。こだま四〇二号に乗って二時二十一分に東京を出て、三時十五分に熱海に着いた。そして、熱海からここまでバスで来た。途中、伊東で十分休憩した。休憩時間が短かったので、私はバスを降りなかった。林さんたちは集合時間に少し遅れた。五時三十分にこのホテルに着いた。疲れたのでみんなですぐ温泉に入った。お湯はちょっと熱かったが、気持ちがよかった。あまり人がいなかったので静かだった。晩ごはんのおかずは魚や貝だった。とてもおいしかった。明日は植物園と波勝崎へ行く。

文型 sentence pattern

1 基本体（過去）

		辞書形	肯定形		否定形	
			現在	過去	現在	過去
動詞			書く→書いて→書いた		書かない →	書かなかった
	G 1	書く	書く	書いた	書かない	書かなかった
		行く	行く	行った	行かない	行かなかった
		読む	読む	読んだ	読まない	読まなかった
		ある	ある	あった	ない	なかった
	G 2	食べる	食べる	食べた	食べない	食べなかった
		疲れる	疲れる	疲れた	疲れない	疲れなかった
	G 3	する	する	した	しない	しなかった
		来る	来る	来た	来ない	来なかった
い形容詞			長い →	長かった	長くない →	長くなかった
		長い	長い	長かった	長くない	長くなかった
		いい	いい	よかった	よくない	よくなかった
な形容詞			静かだ →	静かだった	静かじゃない →	静かじゃなかった
		静か	静かだ	静かだった	静かじゃない	静かじゃなかった
					静かではない	静かではなかった
名詞		学生	学生だ	学生だった	学生じゃない	学生じゃなかった
					学生ではない	学生ではなかった

G：グループ

2 休憩時間が短かったので、私はバスを降りなかった。

基本体 ＋ ので

※ な形容詞（現在）　静かなので
名　　詞（現在）　学生なので

(1) のどが痛いので、病院へ行きます。

(2) 母が病気なので、国へ帰ります。

(3) 寒いので、窓を閉めてもいいですか。

(4) えんぴつを忘れたので、友達に借りました。

練習 Exercise

a. 例のように絵を見て言いましょう。

例 暑いので、窓を開けてもいいですか。

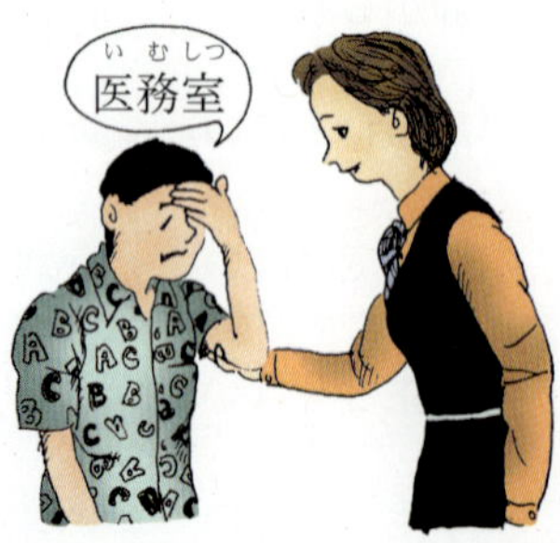

1. 頭が痛い／医務室へ行く

2. 寒い／窓を閉める

3. 暑(あつ)い／クーラーをつける

b. 例(れい)のように言(い)いましょう。

2-15

例
A 日曜日(にちようび)にどこかへ行(い)きましたか。
B いいえ、忙(いそが)しかったので、どこへも行(い)きませんでした。

1. 頭(あたま)が痛(いた)い
2. 宿題(しゅくだい)が多(おお)くて大変(たいへん)
3. 弟(おとうと)が病気(びょうき)
4. 仕事(しごと)がある
5. 部屋(へや)のそうじをする
6. 友達(ともだち)が遊(あそ)びに来(く)る

2-16

本当に楽しい旅行だった。

五月十一日(日) 晴れ

昨日はあまりいい天気ではなかったが、今日は朝からずっといい天気だった。七時に起きて、広田さんと山本さんと温泉に入った。そして朝ごはんを食べて、バスで植物園へ行った。植物園はあまり広くなかったが、珍しい花がたくさんあった。私は花のスケッチをしたり、植物園の人にいろいろ質問したりした。

そのあと波勝崎へ野生の猿を見に行った。大きい猿は少しこわかったが、猿の赤ちゃんはとてもかわいかった。えさをやったり写真を撮ったりした。帰りは東京までずっとバスだったので、あまり快適ではなかった。夜七時に東京に着いた。ちょっと疲れたが、本当に楽しい旅行だった。

文型 Sentence Pattern

3 花のスケッチをしたり、植物園の人にいろいろ質問したりした。

(1) 昨日は暇だったので、家で本を読んだり、テレビを見たりした。

(2) *A* 日曜日にはいつも何をしますか。
　B 映画を見たり、テニスをしたりします。

(3) この教室ではお菓子を食べたり、
ジュースを飲んだりしてはいけません。

練習 Exercise

c. 絵を見て例のように言いましょう。

2-17

例 *A* 休みの日にはいつも何をしますか。
　B そうじをしたり、洗濯をしたりします。

1. 買い物をする／散歩をする

2. 本を読む／手紙を書く

3. テレビを見る／音楽を聞く

Jump up!

練習問題

1 表(ひょう)を完成(かんせい)しなさい。

動詞(どうし)

辞書形(じしょけい)	グループ	て形(けい)	基本体(きほんたい)・過去(かこ)(肯定(こうてい))	基本体(きほんたい)・過去(かこ)(否定(ひてい))
読(よ)む				
開(あ)ける				
			食(た)べた	
				帰(かえ)らなかった
行(い)く				
来(く)る				
		して		
		見(み)て		
閉(し)める				
話(はな)す				

い形容詞(けいようし)・な形容詞(けいようし)・名詞(めいし)

辞書形(じしょけい)	基本体(きほんたい)・現在(げんざい)	基本体(きほんたい)・過去(かこ)(肯定(こうてい))	基本体(きほんたい)・過去(かこ)(否定(ひてい))
楽(たの)しい			
かわいい			
	静(しず)かだ		
暇(ひま)			
きらい			
学生(がくせい)			

2 ＿＿にひらがなをひとつ書(か)きなさい。

1. えんぴつ＿＿忘(わす)れたので、友達(ともだち)＿＿借(か)りました。

2. A 日曜日(にちようび)にどこ＿＿ ＿＿行(い)きましたか。

   B いいえ、頭(あたま)が痛(いた)かったので、どこ＿＿ ＿＿行(い)きませんでした。

3. 私(わたし)は花(はな)＿＿スケッチをしたり、植物園(しょくぶつえん)の人(ひと)＿＿いろいろ質問(しつもん)したりした。

3 例(れい)のように書(か)きなさい。

例 休憩時間(きゅうけいじかん)が短(みじか)かったです。＋ 私(わたし)はバスを降(お)りませんでした。

→ 休憩時間(きゅうけいじかん)が短(みじか)かったので、私(わたし)はバスを降(お)りませんでした。

1. 寒(さむ)いです。＋ 窓(まど)を閉(し)めてもいいですか。

   → ＿＿＿＿＿＿＿＿＿＿＿＿＿＿＿＿＿＿＿＿

2. 頭(あたま)が痛(いた)かったです。＋ 欠席(けっせき)しました。

   → ＿＿＿＿＿＿＿＿＿＿＿＿＿＿＿＿＿＿＿＿

3. 昨日(きのう)弟(おとうと)が病気(びょうき)でした。＋ どこへも行(い)きませんでした。

   → ＿＿＿＿＿＿＿＿＿＿＿＿＿＿＿＿＿＿＿＿

4. 辞書(じしょ)を忘(わす)れました。＋ 友達(ともだち)に借(か)りました。

   → ＿＿＿＿＿＿＿＿＿＿＿＿＿＿＿＿＿＿＿＿

4 絵を見て例のように書きなさい。

例 *A* パーティーで何をしましたか。

B 歌を歌ったり、踊ったりしました。

＊ 踊る

1. *A* ハワイで何をしましたか。

   B ________________________________

2. *A* 下田で何をしましたか。

   B ________________________________

3. *A* 日曜日に何をしましたか。

   B ________________________________

5 京子さんの日記を基本体で書きなさい。

11月25日（水）

今日財布を落としました。朝、私は郵便局へ行って切手を買いました。それから、デパートへ行きましたが、何も買いませんでした。それから、すぐうちへ帰りました。うちへ帰ってかばんの中を見ました。その時、財布がなかったので、交番へ行きました。

おまわりさんは私にいろいろ聞きました。私は住所と電話番号と名前を書いてうちへ帰りました。

11月25日（水）

今日財布を＿＿＿＿＿＿＿＿＿＿＿＿＿＿＿＿＿＿＿＿

＿＿＿＿＿＿＿＿＿＿＿＿＿＿＿＿＿＿＿＿＿＿＿＿

＿＿＿＿＿＿＿＿＿＿＿＿＿＿＿＿＿＿＿＿＿＿＿＿

＿＿＿＿＿＿＿＿＿＿＿＿＿＿＿＿＿＿＿＿＿＿＿＿

＿＿＿＿＿＿＿＿＿＿＿＿＿＿＿＿＿＿＿＿＿＿＿＿

＿＿＿＿＿＿＿＿＿＿＿＿＿＿＿＿＿＿＿＿＿＿＿＿

6 本文1、2を読んで、正しいものには○、正しくないものには×をつけなさい。

本文1

1. （　　）マリーさんは東京から熱海までバスで行った。
2. （　　）マリーさんは疲れたので、温泉に入らなかった。
3. （　　）晩ごはんはとてもおいしかった。

本文2

4. （　　）マリーさんは温泉に入ってから朝ごはんを食べた。
5. （　　）植物園で猿の赤ちゃんを見た。
6. （　　）ちょっと疲れたが、楽しい旅行だった。

15 どちらのほうが近(ちか)いですか。

2-18

どちらのほうが近(ちか)いですか。

不動産屋(ふどうさんや)　このアパートは中野(なかの)と東中野(ひがしなかの)の間(あいだ)です。

西条敬子(さいじょうけいこ)　中野(なかの)と東中野(ひがしなかの)とどちらのほうが近(ちか)いですか。

不動産屋(ふどうさんや)　東中野(ひがしなかの)のほうがちょっと近(ちか)いです。でも、どちらもだいたい同(おな)じぐらいですよ。

敬子(けいこ)　中野(なかの)の駅前(えきまえ)と東中野(ひがしなかの)の駅前(えきまえ)とどちらのほうがにぎやかですか。

不動産屋(ふどうさんや)　中野(なかの)のほうがずっとにぎやかです。北口(きたぐち)に大(おお)きい商店街(しょうてんがい)があります。

敬子(けいこ)　そうですか。家賃(やちん)はいくらですか。

不動産屋(ふどうさんや)　8万円(まんえん)です。

敬子(けいこ)　ちょっと高(たか)いですね。

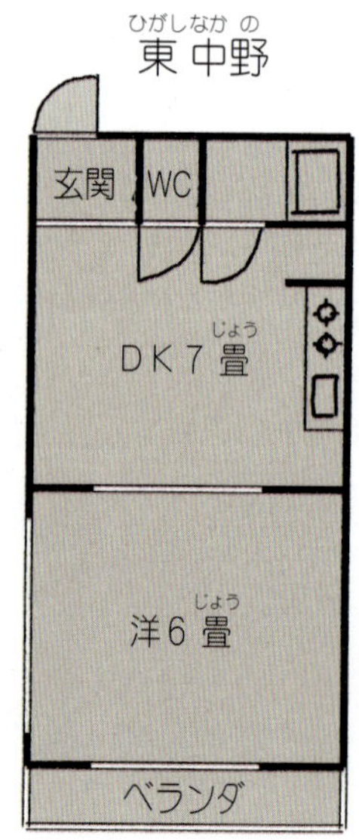

文型 Sentence Pattern

1

A　中野(なかの)と東中野(ひがしなかの)とどちらのほうが近(ちか)いですか。
B　東中野(ひがしなかの)のほうが（中野(なかの)より）近(ちか)いです。

(1) A　北海道(ほっかいどう)と九州(きゅうしゅう)とどちらのほうが広(ひろ)いですか。
　　B　北海道(ほっかいどう)のほうが広(ひろ)いです。

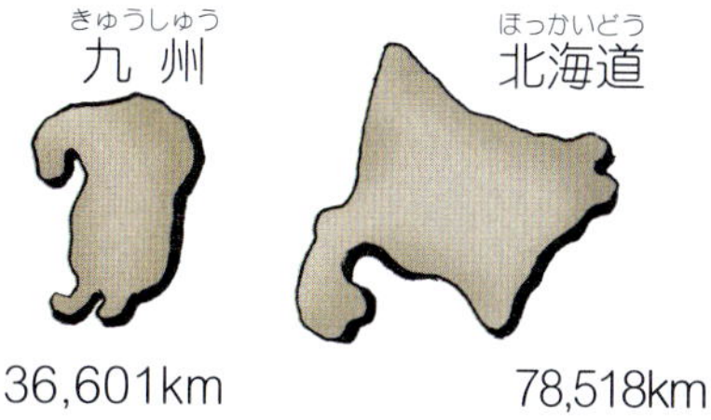

(2) A　東京(とうきょう)と大阪(おおさか)とどちらのほうが人口(じんこう)が多(おお)いですか。
　　B　東京(とうきょう)のほうが多(おお)いです。

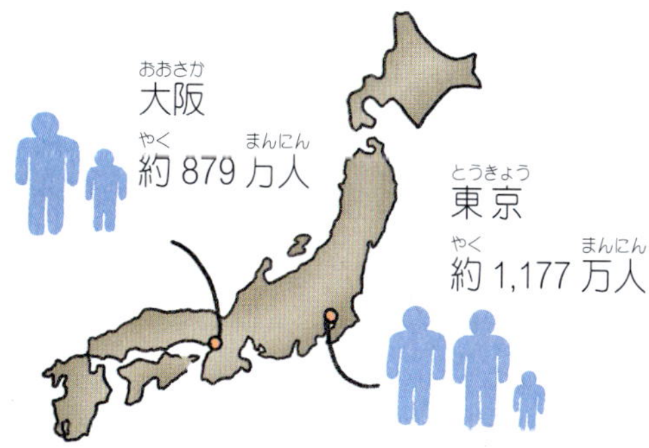

(3) A　今日(きょう)は暑(あつ)いですね。
　　B　ええ、でも、今日(きょう)より昨日(きのう)のほうが暑(あつ)かったですよ。

2

A　中野(なかの)と東中野(ひがしなかの)とどちらのほうがにぎやかですか。
B　中野(なかの)のほうがずっとにぎやかです。

(1) *太郎(たろう)*　僕(ぼく)と健君(けんくん)とどちらのほうが背(せ)が高(たか)いですか。
　　健(けん)の母(はは)　太郎君(たろうくん)のほうがちょっと（背(せ)が）高(たか)いです。

(2) *A* 高橋さんと山口さんとどちらのほうが背が高いですか。
B 高橋さんのほうがずっと(背が)高いです。

(3) *A* この部屋とその部屋とどちらのほうが高いですか。
B その部屋のほうが4千円高いです。

3

A 中野と東中野とどちらのほうが近いですか。
B どちら**も同じぐらい**です。

(1) *A* 新宿と渋谷とどちらのほうがにぎやかですか。
B 新宿も渋谷も同じぐらいにぎやかです。

(2) 客 日本製とアメリカ製とどちらのほうが安いですか。
店員 どちらも同じぐらいです。

練習 Exercise

a. 絵を見て例のように言いましょう。

2-19

例
A 山口さんの部屋と高橋さんの部屋とどちらのほうが 新しい ですか。
B 高橋さんの部屋のほうが 新しい です。

山口さんの部屋（家賃3万5千円）

高橋さんの部屋（家賃15万円）

2-20

駅から遠すぎます。

不動産屋　じゃあ、この三鷹のアパートはどうですか。6万円です。

敬子　そうですね…。駅から近いですか。

不動産屋　いいえ、ちょっと遠いです。三鷹駅から歩いて20分です。でも、バスもありますよ。
バス停からアパートまで1分です。

敬子　バスはたくさんありますか。

不動産屋　ええ、関東バスも西武バスも通りますよ。

敬子　そうですか。でも、ちょっと駅から遠すぎますね。

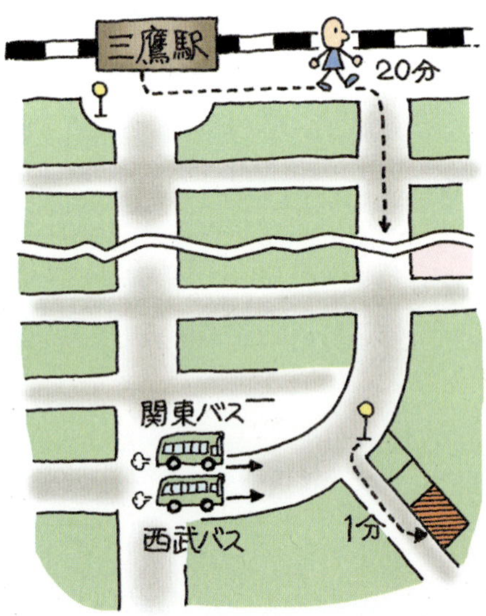

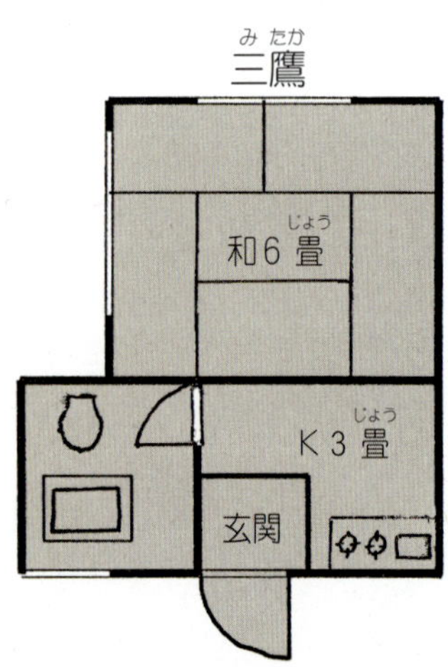

文型 Sentence Pattern

4 関東バスも西武バスも通ります。

(1) うちのそばにはスーパーも小さい店もあるから便利です。

(2) A よくコンピューターを使いますか。
B はい、会社でもうちでも使います。

(3) A 日本語の勉強はどうですか。
B おもしろいですが、大変です。
先週も今週も作文の宿題がありました。

5 遠すぎます。

(1) A この部屋はどうですか。
B そうですね。ちょっと狭すぎます。

(2) A この部屋はどうですか。
B 15万円ですか…。ちょっと高すぎますね。

(3) お酒を飲みすぎると、頭が痛くなります。

2-21

どれがいちばん静(しず)かですか。

不動産屋(ふどうさんや)　じゃあ、これはどうですか。池袋(いけぶくろ)から歩(ある)いて4分(ぷん)です。

6畳(じょう)の和室(わしつ)と6畳(じょう)のダイニングキッチンです。

使(つか)いやすいと思(おも)いますよ。

敬子(けいこ)　いくらですか。

不動産屋(ふどうさんや)　9万円(まんえん)です。

敬子(けいこ)　そうですか。

あのう、東中野(ひがしなかの)と三鷹(みたか)と池袋(いけぶくろ)の部屋(へや)の中(なか)で、

どれがいちばん静(しず)かですか。

不動産屋(ふどうさんや)　東中野(ひがしなかの)の部屋(へや)がいちばん静(しず)かだと思(おも)います。

池袋(いけぶくろ)

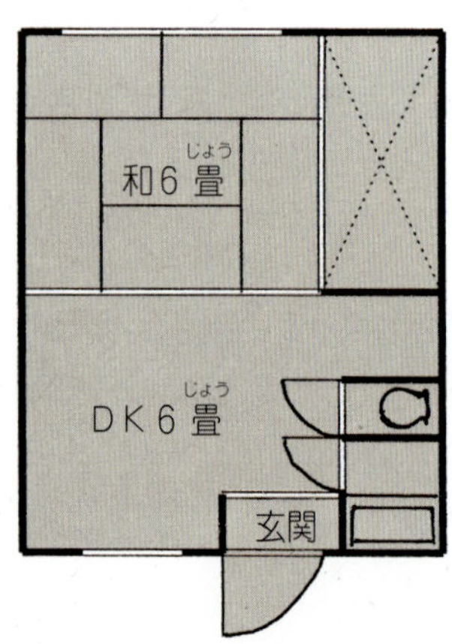

文型 sentence pattern

6

A 東中野(ひがしなかの)と三鷹(みたか)と池袋(いけぶくろ)の部屋(へや)の中(なか)で、どれがいちばん静(しず)かですか。
B 東中野(ひがしなかの)の部屋(へや)がいちばん静(しず)かです。

(1) A 東京(とうきょう)と大阪(おおさか)と名古屋(なごや)の中(なか)でどこがいちばん人口(じんこう)が多(おお)いですか。
B 東京(とうきょう)です。

(2) A このクラスの中(なか)で誰(だれ)がいちばん早(はや)く学校(がっこう)へ来(き)ますか。
B チンさんです。

(3) A 一年(いちねん)でいつがいちばん雨(あめ)が多(おお)いですか。
B 9月(がつ)だと思(おも)います。

(4) A すもうと野球(やきゅう)とサッカーの中(なか)で、どれがいちばん人気(にんき)がありますか。
B 野球(やきゅう)だと思(おも)います。

(5) A スポーツの中(なか)で何(なに)がいちばん好(す)きですか。
B 水泳(すいえい)がいちばん好(す)きです。

(6) 私(わたし)は果物(くだもの)の中(なか)でいちごがいちばん好(す)きです。

2-22

この部屋(へや)は台所(だいどころ)が広(ひろ)いです。

敬子(けいこ)　この部屋(へや)は台所(だいどころ)が広(ひろ)いですね。

それに、この部屋(へや)は三鷹(みたか)の部屋(へや)より駅(えき)から近(ちか)いですね。

不動産屋(ふどうさんや)　ええ。それに、この部屋(へや)はみっつの中(なか)でいちばん新(あたら)しくてきれいですよ。

この部屋(へや)はベランダもあるからいいと思(おも)いますよ。

敬子(けいこ)　じゃあ、この部屋(へや)を見(み)せてください。

不動産屋(ふどうさんや)　わかりました。では、見(み)に行(い)きましょう。

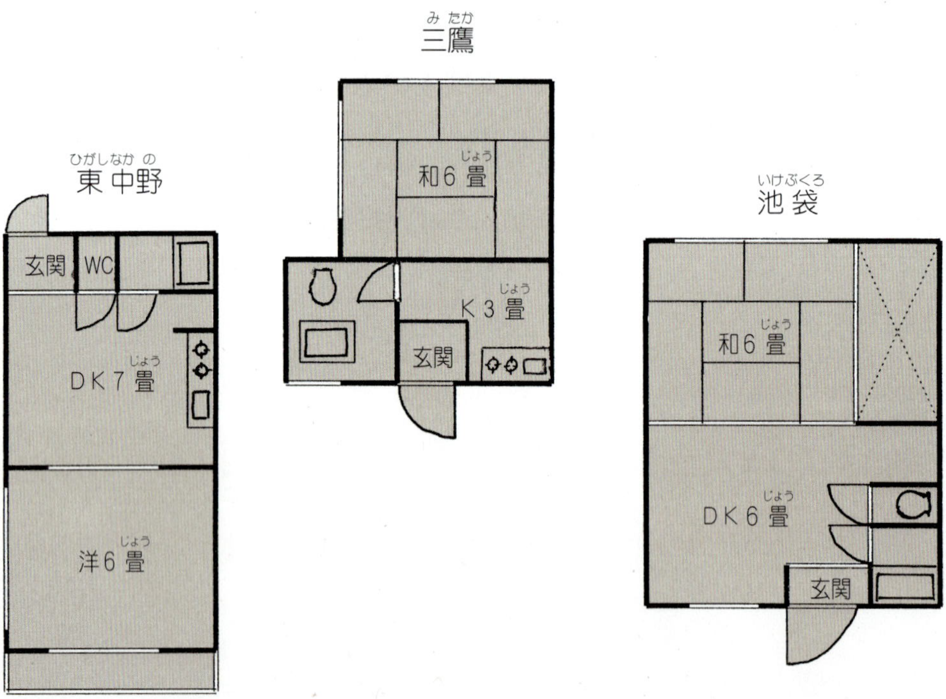

文型 Sentence Pattern

7 この部屋は台所が広いです。

(1) 私の部屋は窓が小さいです。

(2) 客　このテレビはとても高いですね。

店員　ええ。でも、このテレビは色がとてもきれいですよ。それに、音もいいです。

(3)

POST CARD

京子さん、お元気ですか。
私は夏休み、パラオへ行きました。
パラオは海がきれいでした。

東京都新宿区
3−3−

8 この部屋は三鷹の部屋より駅から近いです。

(1) 私の国はマレーシアです。マレーシアはタイの南にあります。マレーシアは日本より少し小さくて、暑い国です。

(2) A　弟さんはいらっしゃいますか。

B　ええ、一人います。弟は私より3歳年下で、今、高校生です。

(3) 私の携帯電話はパクさんのより安かったです。でも、あまり使いやすくありません。

9 この部屋はみっつの部屋の中でいちばん新しいです。

(1) 私は、今、東京に住んでいます。
東京は日本の都市の中でいちばん人口が多くて、
にぎやかな所です。

(2) 客　そのカメラは軽いですか。
店員　はい。このカメラはこのみっつの中でいちばん軽いです。

(3) 富士山は日本でいちばん高い山です。

(4) 中国は世界でいちばん人口が多いです。

10 部屋を見に行きましょう。

(1) *A* 12時ですよ。早くごはんを食べに行きましょう。
B そうですね。じゃ、行きましょう。

(2) *A* どこに座りましょうか。
B あそこに座りましょう。

練習 Exercise

b. 絵を見て言いましょう。

2-23

例

A 東中野と池袋と三鷹の部屋の中でどれがいちばん家賃が高いですか。

B 池袋の部屋がいちばん(家賃が)高いです。

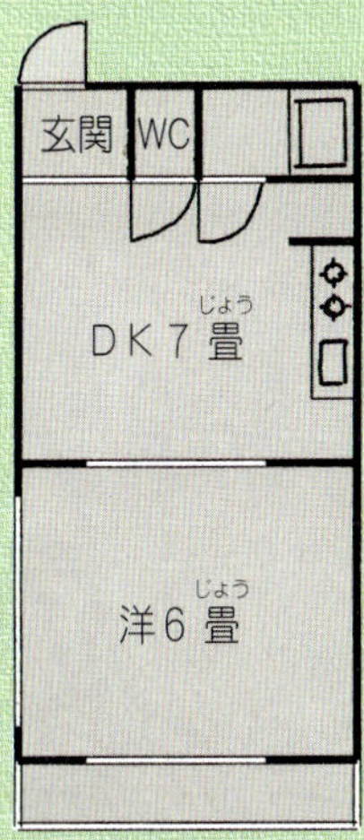

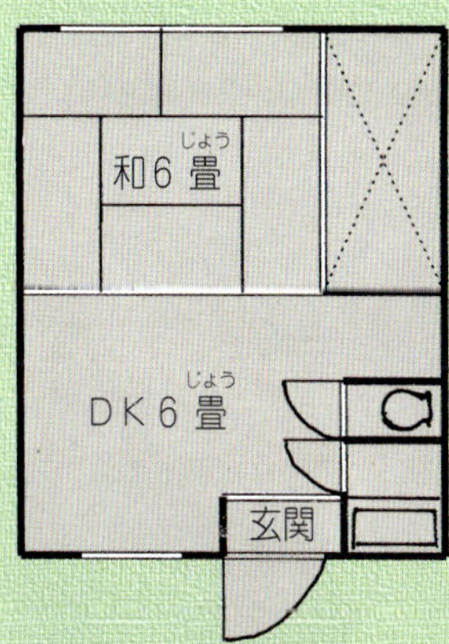

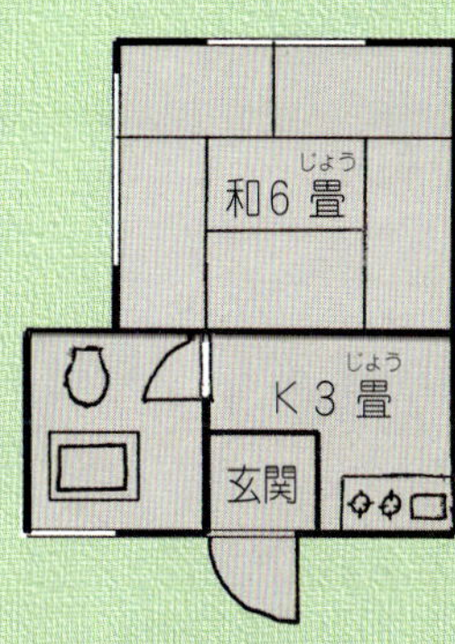

東中野：家賃8万円　　池袋：家賃9万円　　三鷹：家賃6万円

1. 広い

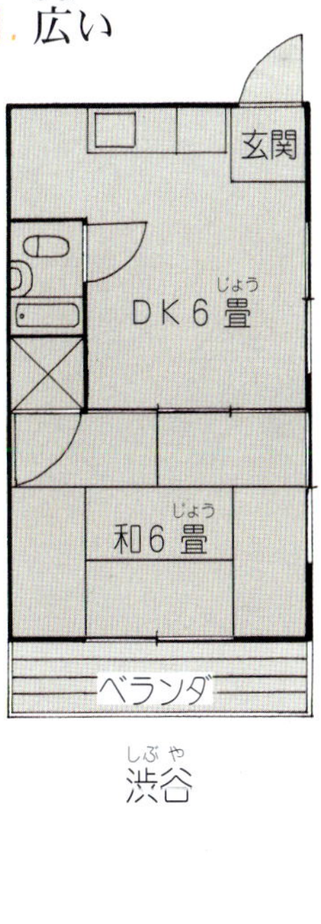

渋谷

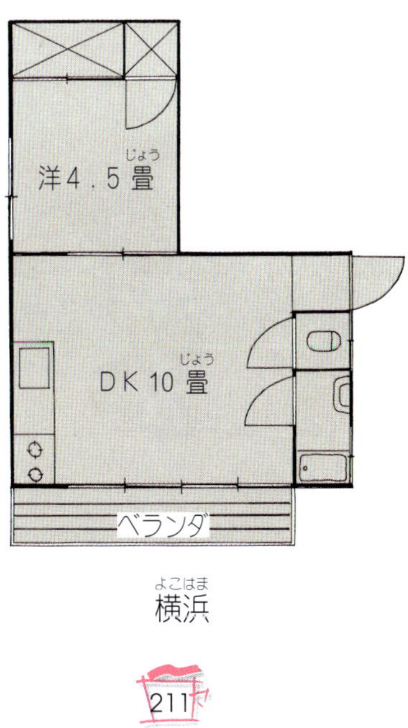

横浜

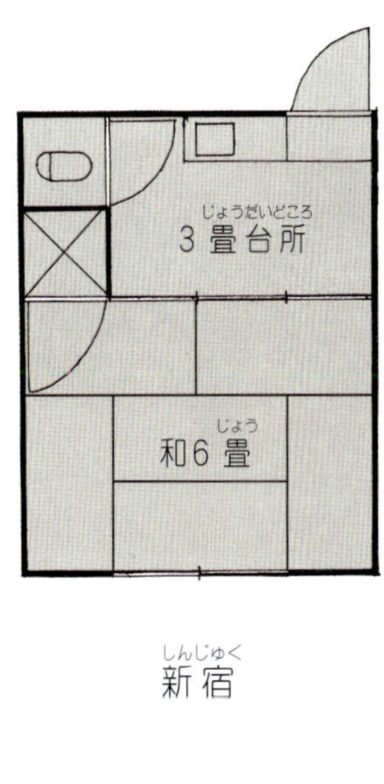

新宿

2. 背が高い

アルンさん

ワンさん　佐藤さん

3. 好き

ロック　クラシック　ジャズ

4. 人気がある

テニス　サッカー　水泳

練習問題

1 ____にひらがなをひとつ書きなさい。

1. 私のうちは新宿____代々木____間です。私のうち____台所____狭いし、駅____ ____遠いので、ちょっと大変です。でも、うちのそばにはスーパーも小さい店____あるから便利です。

2. 私の国はマレーシアです。マレーシアはタイの南____あります。マレーシア____日本____ ____少し小さくて暑い国です。人口は1,300万人ぐらいで、日本____ ____ずっと少ないです。

2 絵を見て質問に答えなさい。

1. *A* 北海道と九州とどちらのほうが広いですか。

   B ________________

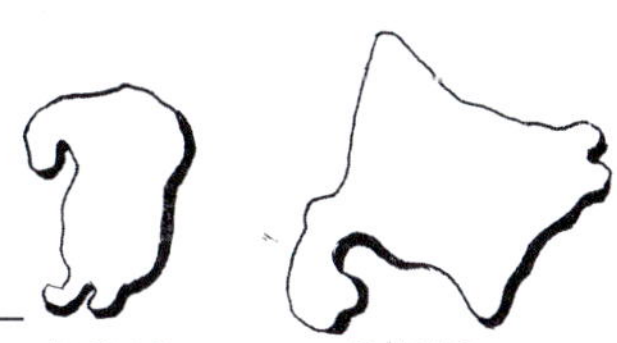

2. *A* 大阪と東京とどちらのほうが人口が多いですか。

   B ________________

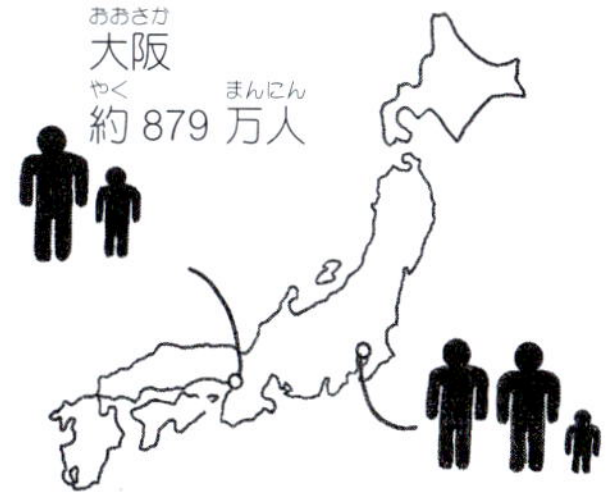

3. *A* ________________

   ____

   B 良子さんのほうがちょっと高いです。

4. *A* 東中野の部屋と三鷹の部屋とどちらのほうが広いですか。

B ______________________________

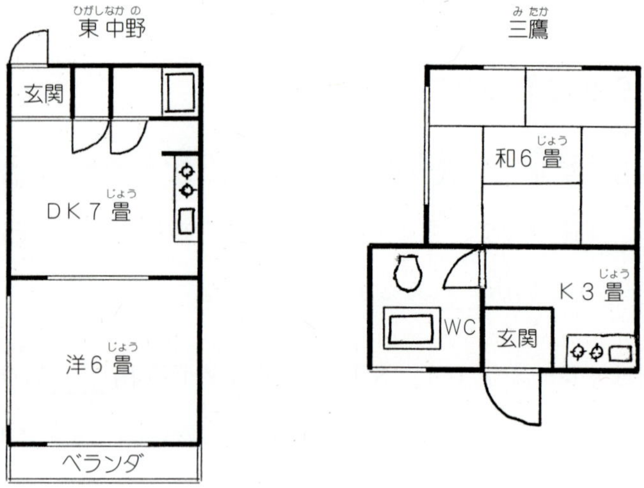

3 ____に適当な言葉を書きなさい。

1. *A* 飛行機と電車と船の中で__________いちばん速いですか。

B ______________________________

2. *A* 東京と大阪と名古屋の中で__________いちばん人口が多いですか。

B ______________________________

3. *A* 春、夏、秋、冬の中で__________いちばん暑いですか。

B 夏がいちばん暑いです。______________________________

4. *A* クラスの中で__________いちばん背が高いですか。

B __________がいちばん背が高いです。

5. *A* 果物の中で__________いちばん好きですか。

B ______________________________

4 絵を見て質問に答えなさい。

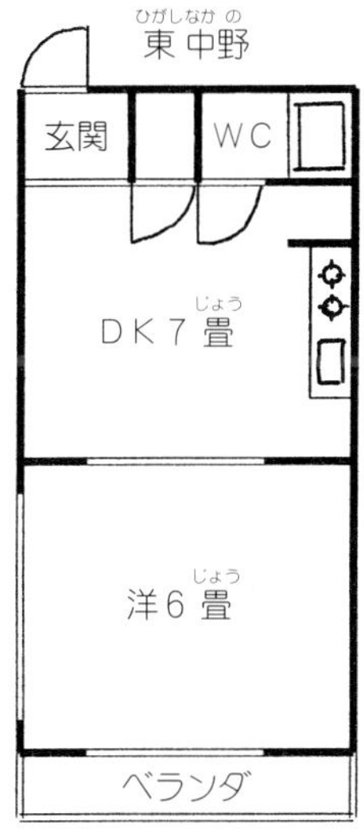

JR線東中野駅
歩(歩いて)15分
家賃80,000円

1. このアパートの家賃はいくらですか。

    ____

2. 駅からどのぐらいかかりますか。

    ____

3. この部屋は台所が広いですか。

    ____

4. 台所は何畳ですか。

    ____

5 (　　)の言葉を適当な形にして＿＿に書きなさい。

1. このコーヒーは＿＿＿＿＿すぎておいしくありません。
   (甘い)

2. 1か月10万円のアパートは＿＿＿＿＿すぎます。
   (高い)

3. A　食堂は人がおおぜいいるから、外で＿＿＿＿＿ましょう。
   (食べる)

   B　そうですね。そう＿＿＿＿＿ましょう。
   (する)

   ・

   A　どこに＿＿＿＿＿ましょうか。
   (座る)

   B　あそこはどうですか。

6 本文1～4を読んで、正しいものに○をつけなさい。

1. 東中野と三鷹と池袋の部屋の中で、どれがいちばん家賃が高いですか。
（東中野・三鷹・池袋）の部屋です。

2. みっつの部屋の中で、どれがいちばん静かですか。
（東中野・三鷹・池袋）の部屋です。

3. みっつの部屋の中で、どれがいちばん駅から遠いですか。
（東中野・三鷹・池袋）の部屋です。

4. みっつの部屋の中で、どれがいちばん新しいですか。
（東中野・三鷹・池袋）の部屋です。

5. みっつの部屋の中で、どれがいちばん広いですか。
（東中野・三鷹・池袋）の部屋です。

6. 敬子さんはどの部屋を見に行きますか。
（東中野・三鷹・池袋）の部屋です。

16 病院(びょういん)

2-24　階段(かいだん)から落(お)ちて、ひざを打(う)ったんです。

(中村外科病院(なかむらげかびょういん)で)

アルン　すみません。

初(はじ)めてなんですが…。

看護婦(かんごふ)　保険証(ほけんしょう)はありますか。

アルン　はい。

・

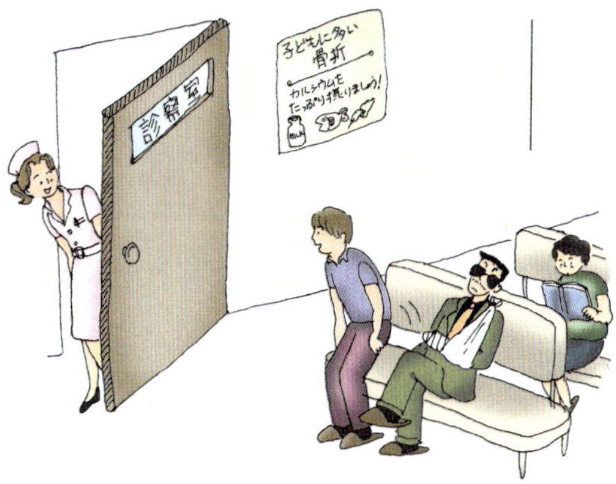

看護婦(かんごふ)　では、そちらの待合室(まちあいしつ)でお待(ま)ちください。

・

看護婦(かんごふ)　アルンさん、どうぞ。

アルン　はい。

・

医者(いしゃ)　どうしたんですか。

アルン　階段(かいだん)から落(お)ちて、ひざを打(う)ったんです。

医者(いしゃ)　いつですか。

アルン　おとといです。

医者　どうしてすぐ来なかったんですか。

アルン　だいじょうぶだと思ったんです。

でも、だんだん痛くなって、冷やしたんですが、

まだ痛いんです。

医者　ちょっと見せてください。

アルン　ここなんです。

医者　少しはれていますね。

レントゲンを撮りましょう。

アルン　はい。

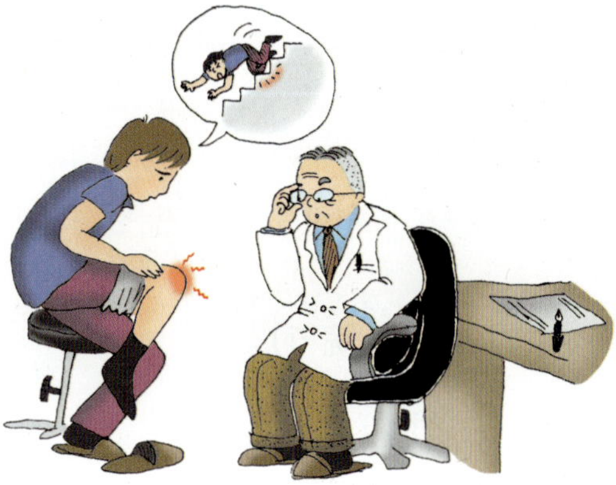

文型 sentence pattern

1 ひざを打ったんです。

	辞書形	肯定形		否定形	
		現在	過去	現在	過去
動詞	行く	行くんです	行ったんです	行かないんです	行かなかったんです
い形	高い	高いんです	高かったんです	高くないんです	高くなかったんです
な形	大変	大変なんです	大変だったんです	大変じゃないんです	大変じゃなかったんです
名詞	ここ	ここなんです	ここだったんです	ここじゃないんです	ここじゃなかったんです

い形：い形容詞　　な形：な形容詞

(1) **A** どうしたんですか。

B 頭が痛いんです。薬を飲んだんですが、効かないんです。

(2) **A** どうしたんですか。

B 今日は友達の結婚式なんです。

(3) **A** 何を買ったんですか。

B ケーキを買ったんです。今日は母の誕生日なんです。

(4) **A** 昨日、どうして休んだんですか。

B おなかが痛かったんです。

(5) **A** 国へ帰るんですか。

B ええ。祖母が病気なんです。

※ 先生　夏休みに国へ帰りますか。

学生　はい、帰ります。

先生　じゃ、その時、進路についてご両親と相談してください。

2

A まだ痛いですか。

B いいえ、もう痛くありません。

(1) **A** まだ雨が降っていますか。

B いいえ、もう降っていません。

(2) **A** すみません。寒いので窓を閉めてもいいですか。

B ええ、どうぞ。……まだ寒いですか。ヒーターをつけましょうか。

A いいえ、だいじょうぶです。もう寒くありません。

練習 Exercise

a. 例(れい)のように言(い)いましょう。

2-25

例

（内科(ないか)で）

医者(いしゃ)　どうしたんですか。
患者(かんじゃ)　熱(ねつ)があるんです。
医者(いしゃ)　いつからですか。
患者(かんじゃ)　昨日(きのう)からです。
　　　それに、せきも出(で)るんです。

1. 寒気(さむけ)がする／鼻水(はなみず)が出(で)る

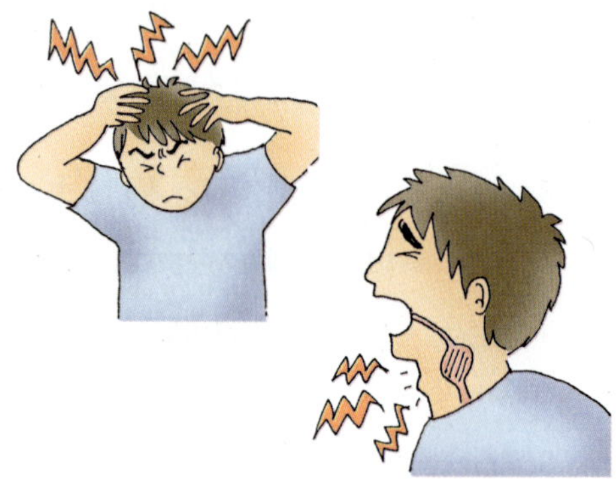

2. 頭(あたま)が痛(いた)い／のどが痛(いた)い

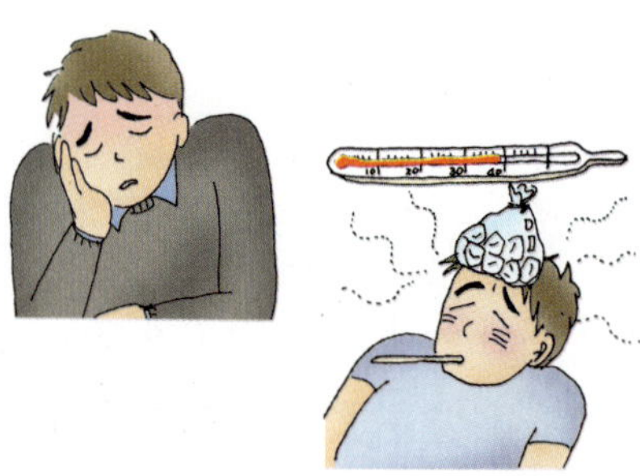

3. 気持(きも)ちが悪(わる)い／熱(ねつ)がある

b. 例のように言いましょう。

2-26

例 (外科で)

医者　どうしたんですか。
患者　階段から落ちたんです。
医者　いつですか。
患者　昨日です。
　　　冷やしたんですが、まだ痛いんです。

1. やけどをする／今朝／冷やす

2. 指を切る／ゆうべ／薬をつける

3. 転んでひざを打つ／おととい／冷やす

c. 例のように言いましょう。

2-27

例 **A** あれっ、国へ帰るんですか。

B ええ、そうなんです。

来週、姉の結婚式があるんです。

1. コートを買った／先週、デパートのバーゲンで買った

2. 髪を切った／先週、切った

3. そうじをした／今日、友達が来る

2

2-28

おふろに入らないでください。

（レントゲン写真を見て）

医者　ううん、骨に異状はありません。

しっぷ薬をあげますから、

毎日はりかえてください。

アルン　はい。

医者　痛みどめの薬もあげます。

アルン　あのう、すぐ治りますか。

医者　4、5日で治ると思いますが、もう少しかかるかもしれません。

アルン　そうですか。

医者　治るまでおふろに入らないでください。

激しい運動もしないでください。

アルン　先生、シャワーもいけませんか。

医者　いいえ、シャワーはいいですよ。

アルン　はい。どうもありがとうございました。

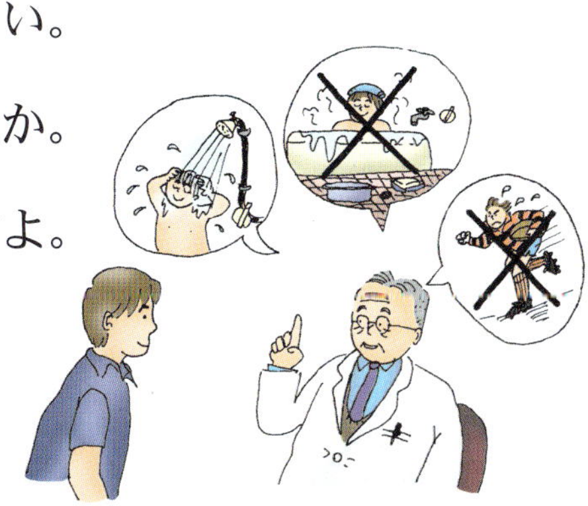

文型 sentence pattern

3 もう少しかかる**かもしれません**。

基本体　＋　かもしれません

※ な形容詞　　大変かもしれません
　 名　　詞　　雨かもしれません

(1) *A* 今度の日曜日に映画を見に行くんです。

B そうですか。でも、日曜日は人が多いかもしれませんよ。

(2) *A* 何をしているんですか。旅行に行くんですか。

B ええ、1週間ハワイへ行くんです。

A これは何ですか。

B 病気になるかもしれないから、薬を持って行くんです。

A セーターも持って行くんですか。

B ええ、朝、寒いかもしれないから…。

A ラーメンも持って行くんですか。

B ええ、ハワイには日本の食べ物がないかもしれないから…。

(3) 雨が降るかもしれないから、傘を持って行きましょう。

4 おふろに入らないでください。

(1) 医者　2、3日、消化の悪い物を食べないでください。
患者　はい。

(2) ここにごみを捨てないでください。

(3) 芝生に入らないでください。

(4) 危険ですから、窓から手や顔を出さないでください。

5 治るまでおふろに入らないでください。

(1) 名前を呼ぶまで、ここでお待ちください。

(2) 午前中は12時まで診察をします。

※ 診察の受付は11時まででです。11時までに来てください。

（☞ 9課－文型6）

※ 学生　すみません。テープレコーダーを借りてもいいですか。
　先生　いいですよ。でも授業が始まるまでに返してください。

練習 Exercise

d. 例のように言いましょう。

2-29

例　（けがをした）
患者　あのう、すぐ治りますか。
医者　4、5日で治ると思いますが、もう少しかかるかもしれません。
患者　そうですか。
医者　治るまで激しい運動をしないでください。

1. （おなかが痛い）　4、5日／冷たい物を食べない
2. （かぜをひいた）　2、3日／おふろに入らない
3. （下痢をした）　2、3日／消化の悪い物を食べない

3

2-30

寝(ね)る前(まえ)に、はりかえてください。

看護婦(かんごふ)　アルンさん。これ、しっぷ薬(やく)です。
　　毎日(まいにち)寝(ね)る前(まえ)に、はりかえてください。
　　それから、これは痛(いた)みどめです。
　　食後(しょくご)に飲(の)んでください。

アルン　えっ、「しょくご」ですか。

看護婦(かんごふ)　ええ。ごはんを食(た)べた後(あと)で、飲(の)んでください。

アルン　はい。食(た)べた後(あと)ですね。

看護婦(かんごふ)　今日(きょう)は、5,250円(えん)です。これは診察券(しんさつけん)です。
　　この次(つぎ)から持(も)って来(き)てください。

アルン　保険証(ほけんしょう)は要(い)らないんですか。

看護婦(かんごふ)　ええ、診察券(しんさつけん)だけでけっこうです。
　　ほかに、わからないことはありませんか。

アルン　だいじょうぶです。どうもありがとうございました。

看護婦(かんごふ)　おだいじに。

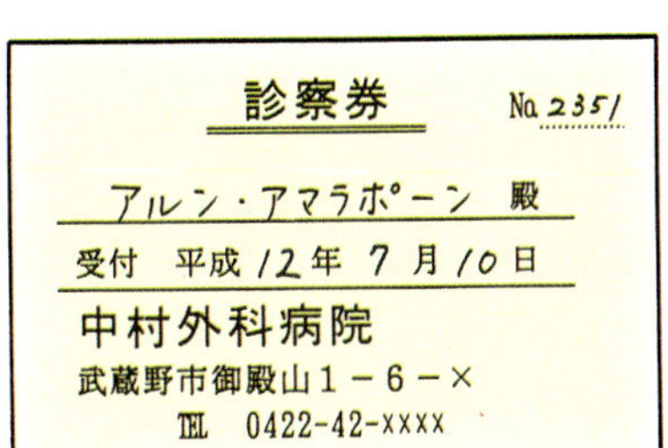

文型 sentence pattern

6

(1) 寝る**前に**、はりかえてください。
(2) ごはんを食べた**後（で）**、飲んでください。

(1) 薬を飲む前に、注意書きをよく読んでください。

(2) *患者*　この薬はごはんを食べた後で飲むんですか。
看護婦　いいえ、ごはんを食べる前に飲んでください。

(3) ごはんを食べた後、歯をみがきます。

7

わからない**こと**はありませんか。

(1) 私の趣味は映画を見ることです。

(2) ***A***　授業はわかりますか。
B　先生が話すことは、だいたいわかります。

(3) ***A***　今度の旅行で、いちばん楽しかったことは何ですか。
B　温泉に入ったことです。

※ *医者*　2、3日、消化の悪い物を食べないでください。

体(からだ)の名称(めいしょう)

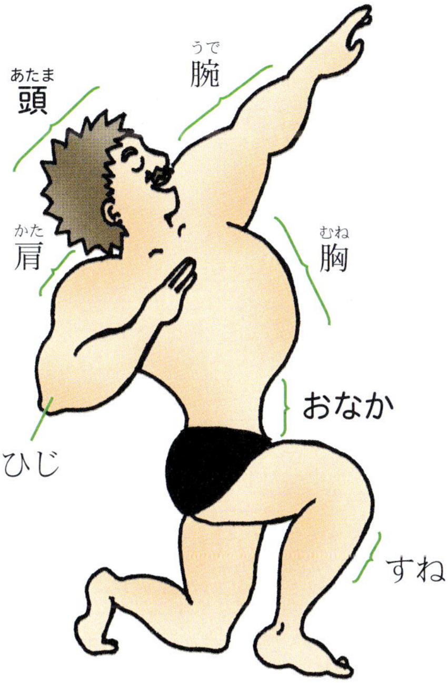

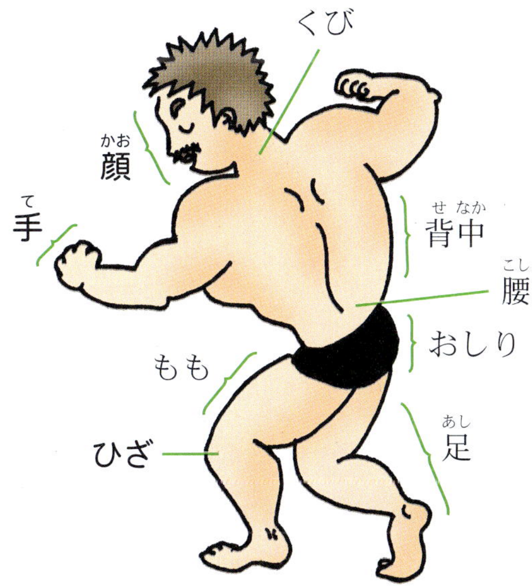

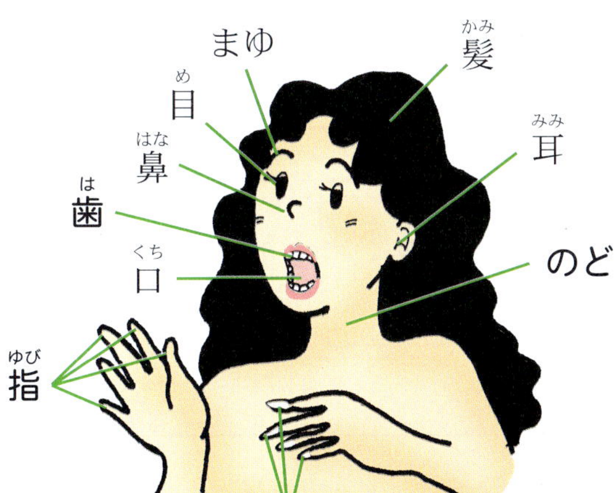

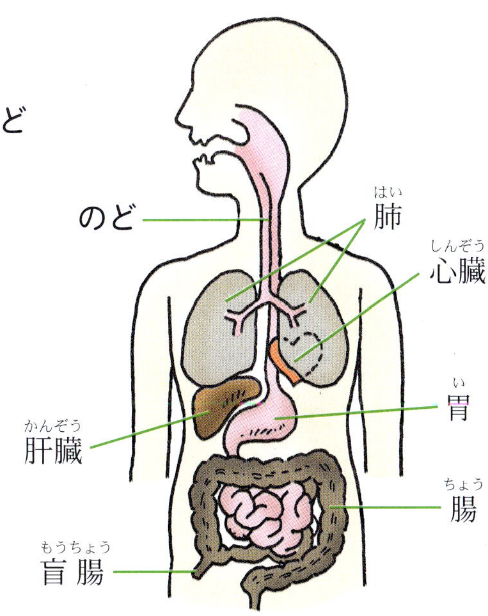

病気(びょうき)の症状(しょうじょう)

1. かぜをひく［内科(ないか)］

頭(あたま)が痛(いた)い

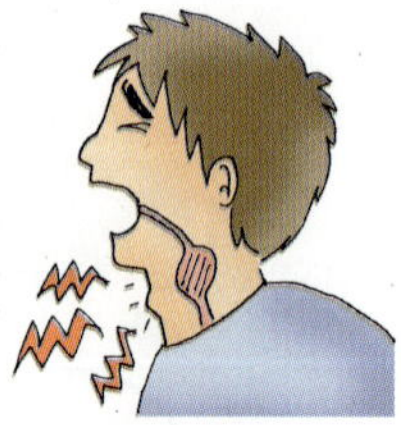

のどが痛(いた)い

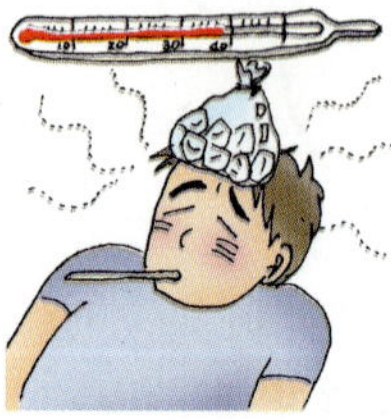

熱(ねつ)がある

寒気(さむけ)がする

鼻(はな)がつまる

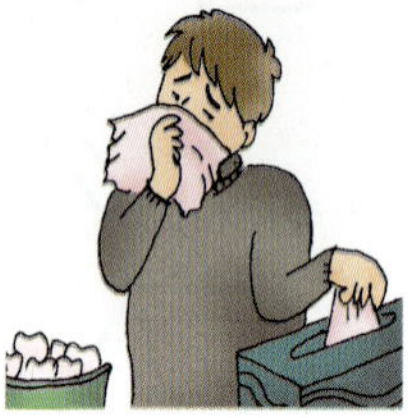

鼻水(はなみず)が出(で)る

くしゃみが出(で)る

せきが出(で)る

2. おなかの具合(ぐあい)が悪(わる)い［内科(ないか)］

気持(きも)ちが悪(わる)い

もどす／吐(は)く

食欲(しょくよく)がない

※ 下痢(げり)をする　　お通(つう)じ／便通(べんつう)がある　　便秘(べんぴ)

3. その他(た)

歯(は)が痛(いた)い［歯科(しか)］

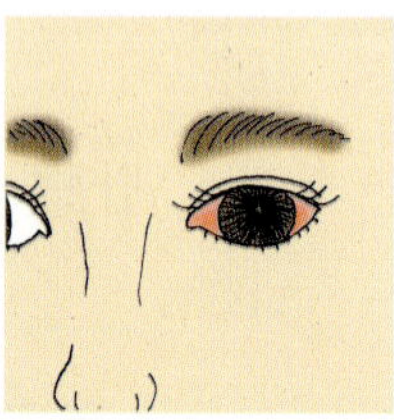

目(め)が赤(あか)い［眼科(がんか)］

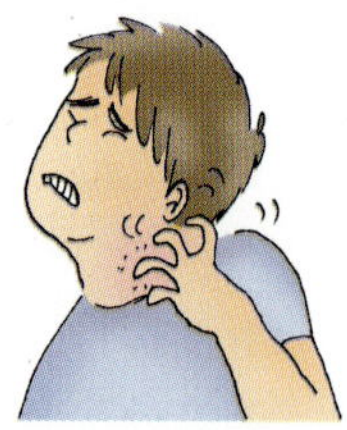

～がかゆい［皮膚科(ひふか)］

薬の種類

かぜ薬(を飲む)
胃腸薬(を飲む)
痛みどめ(を飲む)
解熱剤(を飲む)

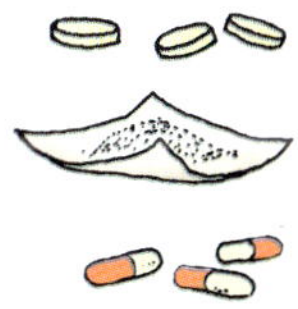

錠剤
粉薬
カプセル

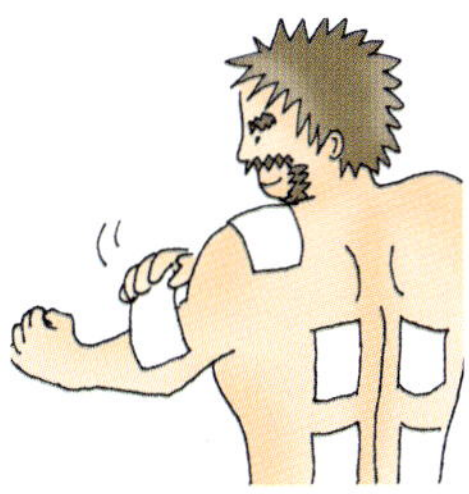

しっぷ薬(をはる)

ぬり薬(をぬる)

うがい薬
(でうがいをする)

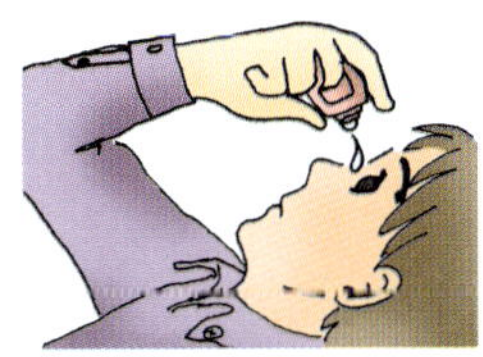

目薬(をさす)

病院で使う言葉

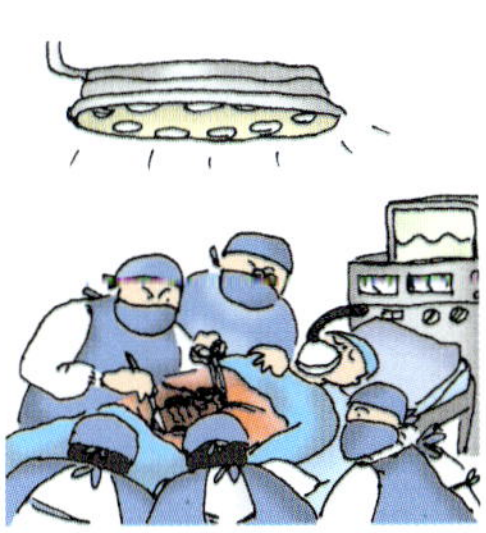

手術(を)する

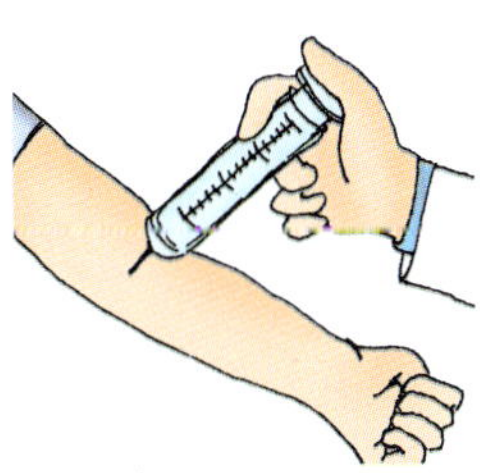

注射(を)する

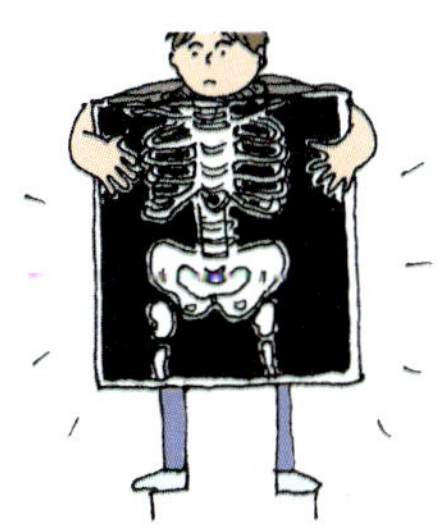

レントゲンを撮る

この人(ひと)は？

1. 医者(いしゃ)
2. お医者(いしゃ)さん
3. 先生(せんせい)

1\. 私(わたし)は将来(しょうらい)、**医者(いしゃ)**になりたいです。

2\. 私(わたし)は学校(がっこう)の旅行(りょこう)に行(い)きたいんですが…。

お医者(いしゃ)さんと相談(そうだん)してください。

3\. すみません。今日(きょう)、レントゲンを撮(と)りますか。

先生(せんせい)に聞(き)きますから、ちょっと待(ま)ってください。

練習問題

1　＿＿にひらがなをひとつ書きなさい。

1. アルンさんは階段＿＿ ＿＿落ちて、ひざ＿＿打ちました。

2. 医者　治る＿＿ ＿＿おふろ＿＿入らないでください。
　激しい運動＿＿しないでください。

3. 患者　この薬＿＿ごはん＿＿食べた後＿＿飲むんですか。
　看護婦　いいえ、ごはん＿＿食べる前　飲んでください。

2　例のように「〜んです」を使って書きなさい。

例　おなかが＿痛いんです。＿
　（痛いです）

1. A　＿＿＿＿＿＿＿＿か。
　（そうじをしました）
　B　ええ、そうなんです。今日、＿＿＿＿＿＿＿＿
　（友達が来ます）

2. 良子　京子さん、どうしたんですか。
　京子　＿＿＿＿＿＿＿＿
　（財布を落としました）

3. A　その魚、＿＿＿＿＿＿＿＿か。
　（食べません）
　B　ええ、＿＿＿＿＿＿＿＿
　（あまりおいしくありません）

4. A　冬休みに国へ帰りますか。

　B　いいえ、帰りません。

　A　どうして＿＿＿＿＿＿＿＿＿＿か。
　　　　　　　（帰りません）

　B　両親が日本へ＿＿＿＿＿＿＿＿＿＿
　　　　　　　　　（来ます）

3 絵を見て例のように書きなさい。

例 A　どうしたんですか。
　B　頭が痛いんです。

1. A　どうしたんですか。
　B　＿＿＿＿＿＿＿＿＿＿

2. A　どうしたんですか。
　B　＿＿＿＿＿＿＿＿＿＿

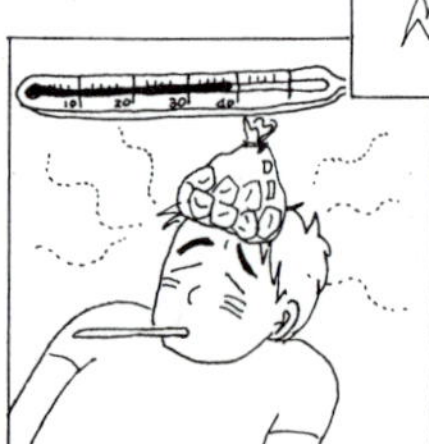

3. A　どうしたんですか。
　B　＿＿＿＿＿＿＿＿＿＿

4. A　どうしたんですか。
　B　＿＿＿＿＿＿＿＿＿＿

5. A　どうしたんですか。
　B　＿＿＿＿＿＿＿＿＿＿

4 正しいものに○をつけなさい。

1. 佐藤さんは先週かぜを { a. ひいた / b. ひいて } 会社を休みました。

2. *A* まだ痛いんですか。

   B いいえ、{ a. まだ / b. もう } 痛くありません。

3. *A* 今5時ごろですか。

   B いいえ、{ a. まだ / b. もう } 4時半ですよ。

4. *A* { a. まだ / b. もう } かぜは治りましたか。

   B はい、{ a. まだ / b. もう } 元気になりました。

5. 先生が来る { a. まで / b. までに } 教室で待っていてください。

6. 1時間目の授業が始まる { a. まで / b. までに } 学校へ来てください。

5 ＿＿＿に適当な言葉を書きなさい。

1. アルンさんは、けがを＿＿＿＿＿＿＿＿病院へ行きました。

2. *A* 今日はいい天気ですね。

   B ええ。でも、午後＿＿＿＿＿＿＿＿かもしれないから、傘を持って行きましょう。

3. *A* 旅行に行くんですか。たくさん荷物がありますね。

   B ええ、＿＿＿＿＿＿＿＿かもしれないから、＿＿＿＿＿＿＿＿を持って行くんです。

4. 私はいつも＿＿＿＿＿＿＿＿前に、おふろに入ります。

5. A ＿＿＿＿＿＿＿＿後で、この薬を飲んでください。

B はい。

6. 私の趣味は＿＿＿＿＿＿＿＿ことです。

7. A 高校生の時、いちばん楽しかったことは何ですか。

B ＿＿＿＿＿＿＿＿ことです。

6 絵を見て例のように書きなさい。

例 冷たい物を食べないでください。

1. ＿＿＿＿＿＿＿＿＿＿＿＿＿＿＿＿

2. ＿＿＿＿＿＿＿＿＿＿＿＿＿＿＿＿

3. ＿＿＿＿＿＿＿＿＿＿＿＿＿＿＿＿

1 2 3

例

7 本文1～3を読んで正しいものに○、まちがっているものに×をつけなさい。

1. (　　) 今日、アルンさんは転んで、ひざを打ちました。

2. (　　) アルンさんのけがは4、5日では治らないかもしれません。

3. (　　) アルンさんは治るまでおふろに入ってはいけません。

4. (　　) しっぷ薬はごはんを食べる前にはかえります。

5. (　　) 痛みどめはごはんを食べた後で飲みます。

6. (　　) アルンさんはこの次から保険証と診察券を持って、中村外科病院へ行きます。

17 天気予報

2-31

沖縄、九州地方は雨でしょう。

みなさん、こんばんは。

今日は全国的に蒸し暑い一日でした。九州地方は今日から梅雨に入りました。

では、明日6月4日の全国の天気です。沖縄、九州地方は雨でしょう。中国、四国、近畿、そして中部地方は午前中は晴れますが、午後からは雨でしょう。関東、東北地方は晴れでしょう。北海道はくもりでしょう。

関東地方のお天気

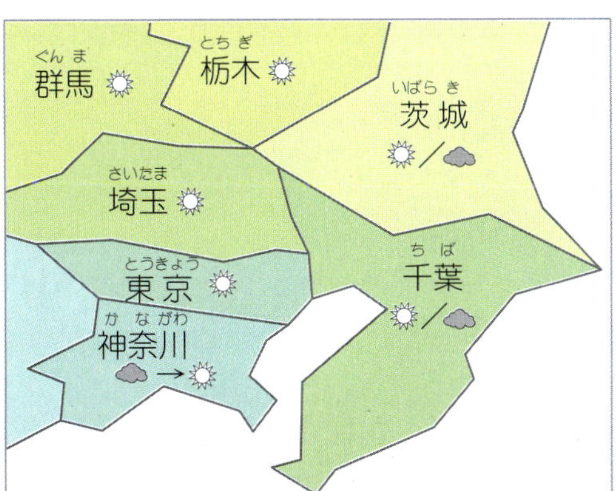

次に関東地方のお天気です。群馬、栃木、埼玉そして東京は晴れでしょう。茨城、千葉は晴れときどきくもりで、神奈川はくもりのち晴れでしょう。

気温です。最高気温は千葉では28度、そのほかの地域では27度ぐらいでしょう。最低気温は今日とだいたい同じで、19度から21度ぐらいでしょう。明日も一日中暑いでしょう。

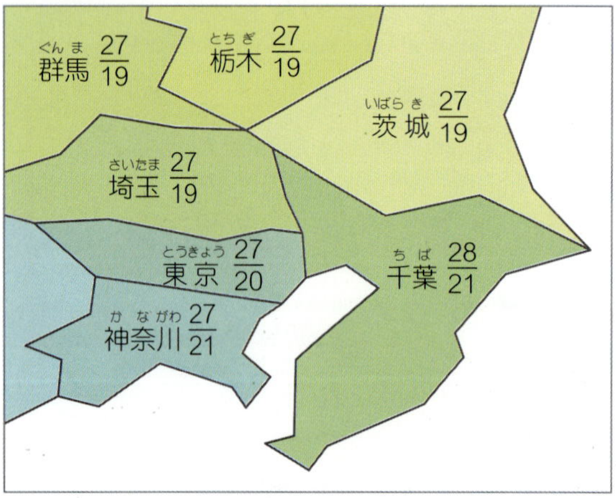

関東地方の気温

日本の各地

文型 Sentence pattern

1 沖縄、九州地方は雨でしょう。

基本体 ＋ でしょう

※ な形容詞（現在）　静かでしょう
　 名　詞（現在）　雨でしょう

(1) あさっては、大阪は晴れときどきくもりでしょう。

(2) 今日の名古屋のお天気は、くもりのち雨でしょう。

(3) 明日は晴れるでしょう。

(4) 明日は雪は降らないでしょう。

(5) 今夜は涼しいでしょう。

(6) 今日は涼しかったですが、明日は暑くなるでしょう。

(7) 東京の最高気温は27度でしょう。

練習 Exercise

a. 下の天気図を見て例のように言いましょう。

例1 近畿地方は雨ときどきくもりでしょう。

例2 東京の最高気温は25度でしょう。

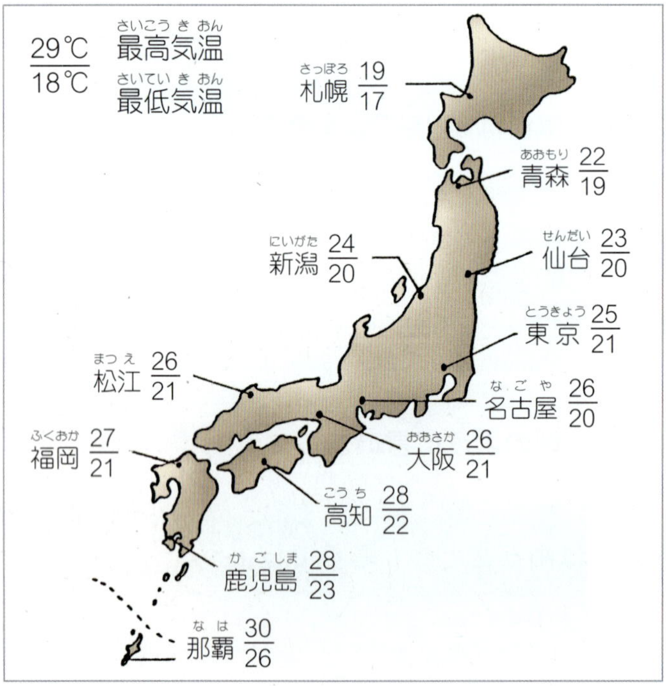

2

2-32

明日(あした)のお天気(てんき)はどうでしょうか。

武(たけし)　良子(よしこ)さん、明日(あした)は暇(ひま)ですか。

良子(よしこ)　ええ。

武(たけし)　あのう、新(あたら)しい車(くるま)を買(か)ったんですが、
ドライブに行(い)きませんか。

良子(よしこ)　わあ、いいですね。どこへ？

武(たけし)　良子(よしこ)さんの好(す)きな所(ところ)へ行(い)きましょう。

良子(よしこ)　じゃあ…、そうですね…、海(うみ)を見(み)に行(い)きませんか。

武(たけし)　海(うみ)ですか。じゃあ、江ノ島(えのしま)はどうですか。

良子(よしこ)　ええ、いいですね。あのう、お天気(てんき)はどうでしょうか。

武(たけし)　天気予報(てんきよほう)によると、明日(あした)は晴(は)れときどきくもりだそうですよ。

良子(よしこ)　じゃあ、だいじょうぶですね。

武(たけし)　たぶん、雨(あめ)は降(ふ)らないだろうと思(おも)いますよ。
あのう、良子(よしこ)さんの弟(おとうと)さんもいっしょにどうですか。

良子　弟は友達と野球を見に行くと言っていましたから、
　　　行かないだろうと思いますよ。

武　それは残念ですね。

良子　ええ、弟はまたこの次、誘ってください。

武　じゃあ、明日10時ごろ迎えに行きます。

良子　はい。待っています。

文型 Sentence Pattern

2

A いっしょに行きませんか。
B いいですね。

(1) 良子　ここでお弁当を食べませんか。
　　武　いいですね。

(2) A　あさって映画を見に行きませんか。
　　B　すみません。あさっては、ちょっと都合が悪いんです。

(3) (バス停で)
　　A　バス、来ませんね。
　　B　そうですね。
　　A　歩きませんか。
　　B　そうしましょう。

3 新しい車を買ったんですが、ドライブに行きませんか。

(1) *A* コンサートのチケットが2枚あるんですが、いっしょに行きませんか。

B いいですね。

(2) 良子　明日武さんとお花見に行くんですが、京子さんもいっしょにどうですか。

京子　いいですね。

(3) (郵便局で)

アルン　オーストラリアへ荷物を送りたいんですが、ここでいいですか。

郵便局の人　はい。

(4) 学生　漢字の辞書を買いたいんですが、どんな辞書がいいでしょうか。

先生　そうですね…。

4 *A* 明日のお天気はどうでしょうか。
B たぶん晴れるだろうと思います。

基本体　＋　だろう

※ な形容詞（現在）　暇だろう
　 名　詞（現在）　雨だろう

(1) *A* 新宿に広くて安いアパートはあるでしょうか。

B たぶんないだろうと思いますよ。

(2) *A* この映画はおもしろいでしょうか。

B たぶんおもしろいだろうと思いますよ。

(3) *A*　来週の旅行に田中さんも誘いませんか。
　　B　いいですね。でも、田中さんは暇でしょうか。
　　A　たぶん、だいじょうぶだろうと思いますよ。

※　　学生　このアパートは安全でしょうか。
　不動産屋　ええ、安全です。

5　弟は野球を見に行くと言っていました。

(1) マリー　北海道はまだ寒いでしょうか。
　　リン　私の友達が先週北海道へ行ったんですが、とても寒かったと言っていましたよ。

(2) マリー　あれ…。アルンさんは？
　　リン　アルンさんは気分が悪いと言っていましたから、医務室へ行ったんじゃありませんか。

6　天気予報によると、明日は晴れときどきくもりだそうです。

(1) ラジオのニュースによると、昨日大阪のデパートで火事があったそうです。

(2) マリー　韓国の冬は寒いそうですね。
　　キム　ええ、日本よりずっと寒いですよ。

(3) 　武　駅のそばの新しいレストランへ行きましたか。
　　一郎　いいえ。
　　　武　魚がとても新鮮でおいしいそうですよ。今度いっしょに行きませんか。
　　一郎　いいですね。

練習 Exercise

b. 例のように言いましょう。

2-33

例
武　良子さん、明日は暇ですか。
良子　はい。
武　じゃ、テニスをしに行きませんか。
良子　いいですね。何時ごろ会いましょうか。
武　3時ごろはどうですか。
良子　いいですよ。

1. 明日／ボウリングをする／2時
2. あさって／サッカーを見る／1時半
3. 来週の日曜日／日本料理を食べる／6時
4. 今度の土曜日／カラオケ／4時
5. 今度の休みの日／映画／9時半

c. 例のように言いましょう。

2-34

例
A　明日は雨が降るでしょうか。
B　ええ、たぶん降るだろうと思いますよ。

1. ワンさん／夏休みに国へ帰る
2. 銀行／今日、休み
3. 沖縄／今、暑い

d. 例のように言いましょう。

2-35

例

A アルンさんはどこですか。

B 気分が悪いと言っていましたから、
医務室へ行ったんじゃありませんか。

1. 用事がある／帰る
2. 本を借りたい／図書館へ行く
3. 手紙を出したい／郵便 局 へ行く

練習問題

1 ＿＿にひらがなをひとつ書きなさい。

1. A　映画の切符があるんです＿＿、明日、見＿＿行きませんか。
   B　すみません。明日＿＿ちょっと…。

2. ニュース＿＿よると、昨日渋谷＿＿火事＿＿あったそうです。

3. マリー　あれ、アルンさんは？
   リン　用事＿＿ある＿＿言っていましたから、帰ったんじゃありませんか。

2 絵を見て＿＿に適当な言葉を書きなさい。

日本の各地

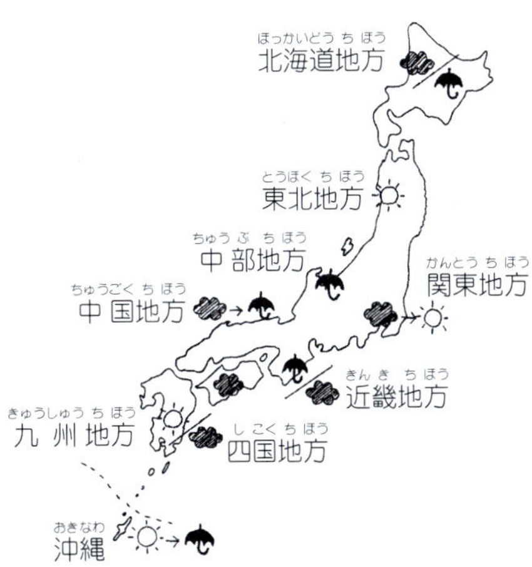

関東地方の気温

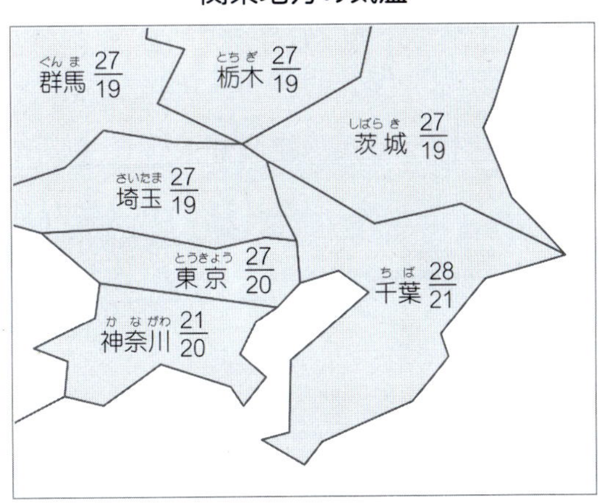

1. 北海道地方は＿＿＿＿＿＿＿＿＿＿＿＿＿＿＿＿でしょう。

2. 九州地方は＿＿＿＿＿＿＿＿＿＿＿＿＿＿＿＿でしょう。

3. 関東地方は＿＿＿＿＿＿＿＿＿＿＿＿＿＿＿＿でしょう。

4. 群馬県の最高気温は＿＿＿＿＿＿＿＿＿＿＿＿＿＿＿＿＿＿でしょう。

5. 千葉県の最低気温は＿＿＿＿＿＿＿＿＿＿＿＿＿＿＿＿＿＿でしょう。

3 （　　）の言葉を適当な形にして、＿＿に書きなさい。

1. あさっては＿＿＿＿＿＿＿＿＿＿でしょう。
（暑くなります）

2. 明日は＿＿＿＿＿＿＿＿＿＿でしょう。
（雨は降りません）

3. 渋谷に安いアパートは＿＿＿＿＿＿＿だろうと思います。
（ありません）

4. A　銀行は今日＿＿＿＿＿＿＿でしょうか。
（休みです）
B　いいえ、今日は休みじゃありません。

5. 先生　チンさんはいますか。
学生　チンさんは昨日頭が＿＿＿＿＿＿＿と言っていましたから、
（痛いです）
今日は学校へ＿＿＿＿＿＿＿だろうと思います。
（来ません）

6. 京子　良子さんは今日うちに＿＿＿＿＿＿＿でしょうか。
（います）
武　今日は＿＿＿＿＿＿＿と言っていましたから、たぶんうちに
（暇です）
＿＿＿＿＿＿＿だろうと思います。
（います）

7. *A* アルンさんはどこですか。

B ＿＿＿＿＿＿＿＿＿＿と言っていましたから、図書館じゃありませんか。

(本を借りたいです)

8. 佐藤さんはおとといデパートで黒い財布を＿＿＿＿＿＿＿＿と言っていました。

(買いました)

4 例のように＿＿に適当な言葉を書きなさい。

例

「明日／新しい車を買った・ドライブに行く／江の島」

武　良子さん、明日は暇ですか。

良子　ええ。

武　新しい車を買ったんですが、ドライブに行きませんか。

良子　いいですね。どこへ？

武　江の島はどうですか。

今度の日曜日／映画の切符が２枚ある・映画を見に行く／渋谷

武　良子さん、＿＿＿＿＿＿＿＿＿＿＿＿＿＿＿＿

良子　ええ。

武　＿＿＿＿＿＿＿＿＿＿＿＿＿＿＿＿＿＿＿＿

良子　いいですね。どこへ？

武　＿＿＿＿＿＿＿＿＿＿＿＿＿＿＿＿＿＿＿＿

5 ＿＿の中の言葉を適当な形にして＿＿に書きなさい。

1. *A* あさっては暇ですか。

B ええ。

A じゃあ、富士山に行きませんか。

とても＿＿＿＿＿＿＿＿＿＿そうですよ。

B わあ、いいですね。天気はどうでしょうか。

A 天気予報によるとあさっては＿＿＿＿＿＿＿＿＿＿そうです。

雨は降らないだろうと思います。

でも、山の上は＿＿＿＿＿＿＿＿＿＿そうですから、

セーターを持って行ったほうがいいですよ。

きれいです。	安いです。	雨です。
晴れます。	楽しいです。	寒いです。

2. *A* ゴールデンウィークにご両親が旅行にいらっしゃったそうですね。

B ええ、5日間北海道へ行ったんですよ。

A そうですか。天気はよかったんですか。

B ええ、＿＿＿＿＿＿＿＿＿＿そうです。

雨はぜんぜん＿＿＿＿＿＿＿＿＿＿と言っていました。

A そうですか。食べ物はどうでしたか。

B 魚や貝が＿＿＿＿＿＿＿＿＿＿と言っていました。

A そうですか。よかったですね。

B ええ。でも、ホテルが空港から遠くて＿＿＿＿＿＿＿＿＿＿そうです。

おいしかったです。	きれいでした。	よかったです。
不便でした。	降りました。	降りませんでした。

6 本文２を読んで、正しいものには○、正しくないものには×をつけなさい。

1. (　　) 明日、武さんと良子さんは熱海へ海を見に行きます。

2. (　　) 天気予報によると、明日雨は降らないそうです。

3. (　　) 明日、武さんの弟さんは友達と野球を見に行きます。

4. (　　) 武さんは良子さんのうちへ10時ごろ行きます。

18 朝食(ちょうしょく)と健康(けんこう)

2-36

朝(あさ)、ちょっと食欲(しょくよく)がないんです。

（会社(かいしゃ)で）

佐藤(さとう)　武(たけし)　遅(おそ)くなってすみません。

鈴木幸子(すずきさちこ)　あっ、佐藤(さとう)さん、おはようございます。

佐藤(さとう)　おはようございます。

鈴木(すずき)　遅(おそ)かったですね。どうしたんですか。

佐藤(さとう)　すみません。実(じつ)は、ゆうべ遅(おそ)くまで
パソコンを打(う)っていたので、
朝(あさ)ねぼうをしたんです。

（昼休み、食堂で）

鈴木　佐藤さんが珍しく遅刻をしたので、心配しました。
　　　それに、最近、顔色も悪いですよ。だいじょうぶですか。

佐藤　はい、だいじょうぶです。いつも、夜遅く寝るので、
　　　朝、ちょっと食欲がないんですが…。

鈴木　そうですか。朝ごはんを食べないんですか。

佐藤　ええ。食欲がないし、食べる時間もないんです。

鈴木　朝ごはんを食べないのは体によくありませんよ。

佐藤　はい。

鈴木　ほら、この記事を見てください。

佐藤　へえ。「朝ごはんを食べない人が増えてきた」ですか。

文型 sentence pattern

1 朝ごはんを食べないのは体によくありません。

(1) たばこを吸うのは体に悪いです。

(2) *A* よくスポーツをしますか。
B はい。毎朝5時に起きてジョギングをします。
A えっ、5時ですか。朝早く起きるのは大変じゃありませんか。
B いいえ。早く起きて走るのは気持ちがいいですよ。

(3) (マリーさんの日記)
今日、クラスメートとカラオケに行った。
友達といっしょに歌を歌うのは楽しい。
私も日本の歌をたくさん覚えたい。

2 最近、朝ごはんを食べない人が増えてきた。

朝ごはんを食べない 人 が多い。

(1) 新聞によると、たばこを吸わない人は約60%だそうだ。

(2) 先生 まだ辞書を買っていない人は来週の月曜日までに買ってください。

昨日、欠席した 人 は二人だった。

(3) 昨年、日本へ来た外国人は約380万人だった。

(4) 先生 今日テープを借りた人は金曜日までに返してください。

3 最近、朝ごはんを食べない人が増えてきた。

(1) 最近、日本では結婚しない人が増えてきた。

(2) 最近、野生動物の数が減ってきた。

(3) 日本人の友達ができたので、前より楽しくなってきた。

(4) 良子　アルンさん、日本語の勉強はどうですか。
アルン　だんだん難しくなってきました。

(5) *A*　もう日本の生活に慣れましたか。
B　ええ、もう3か月日本にいるので、だんだん慣れてきました。

※ 日本では1975年ごろから子供の数が減ってきました。
これからも、減っていくだろうと思います。

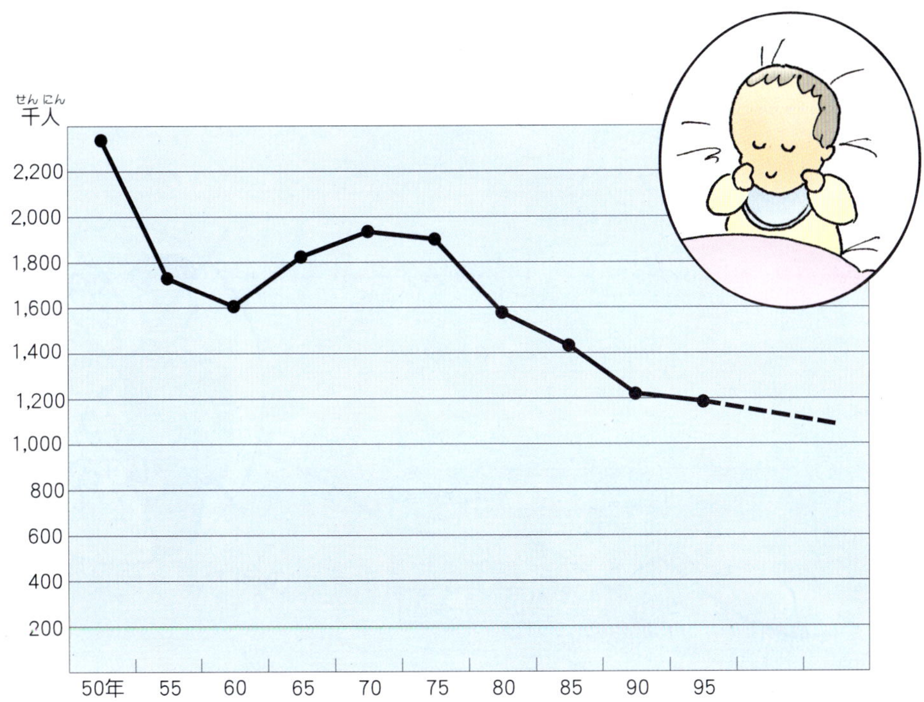

出典「日本統計年鑑」(平成10年)

練習 Exercise

a. グラフを見て、例のように言いましょう。

例 日本では1988年ごろから朝ごはんを食べない人が増えてきました。

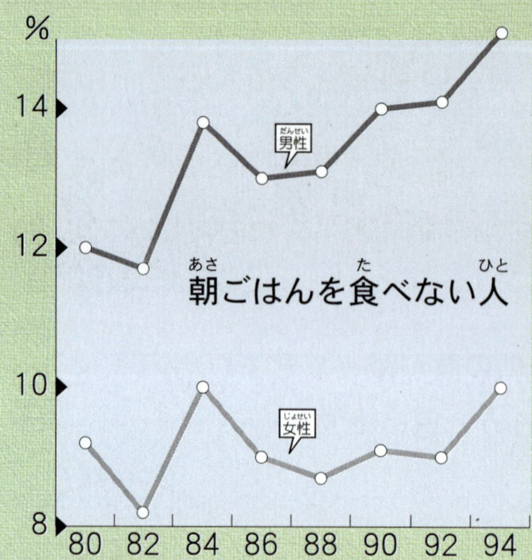

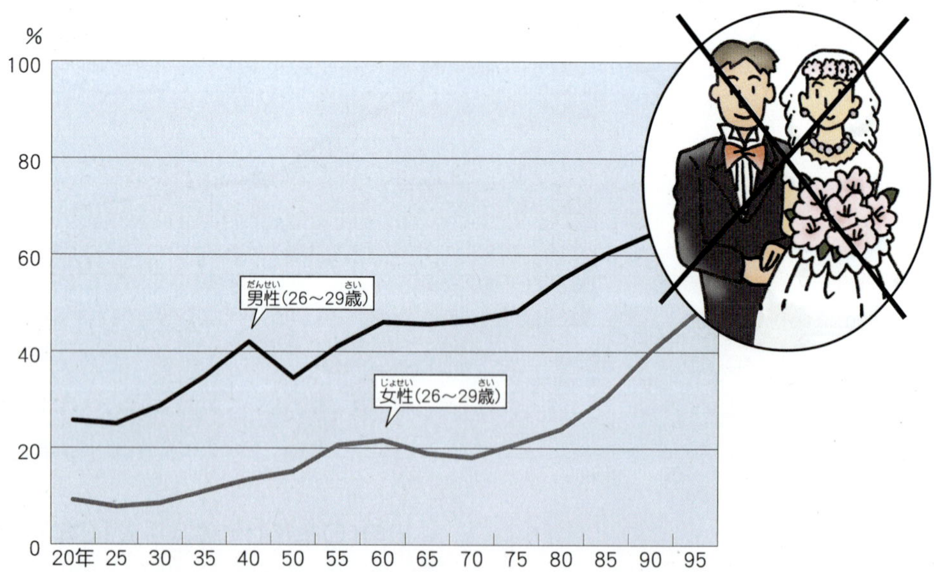

1. 1970年／結婚しない人／増える

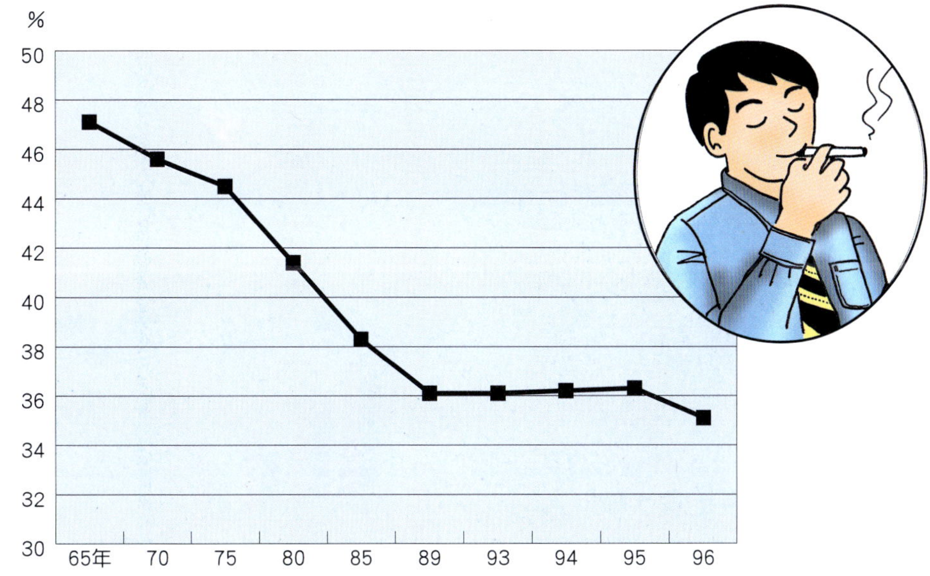

2. 1965年／たばこを吸う人／減る

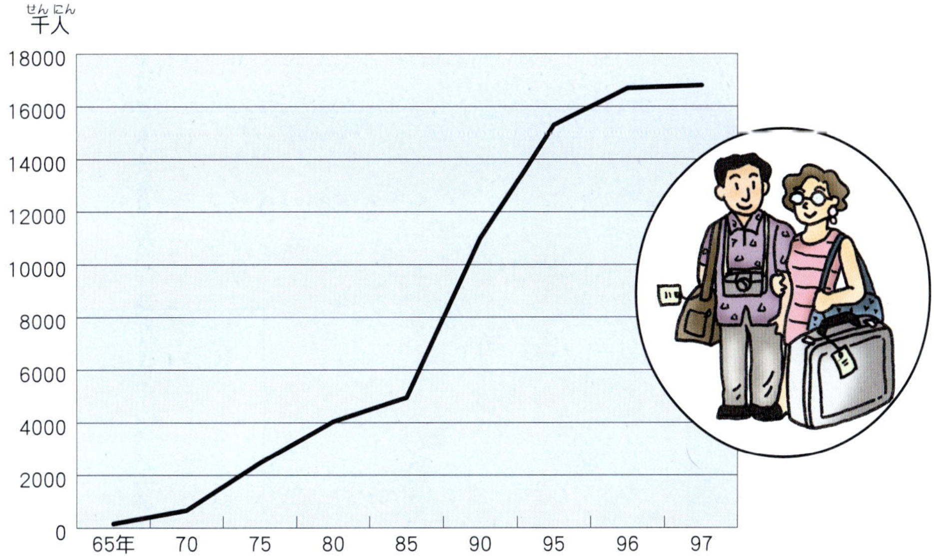

3. 1985年／外国へ行く人／増える

統計資料出典

例) 日本経済新聞（1996年11月18日）

1.「厚生白書」（平成10年）

2. 日本たばこ産業株式会社調べ

3.「日本統計年鑑」（平成11年）

2-37

朝ごはんを食べない人が増えてきた。

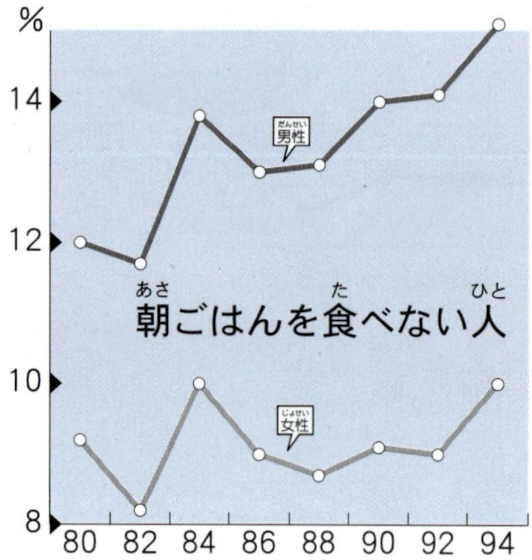

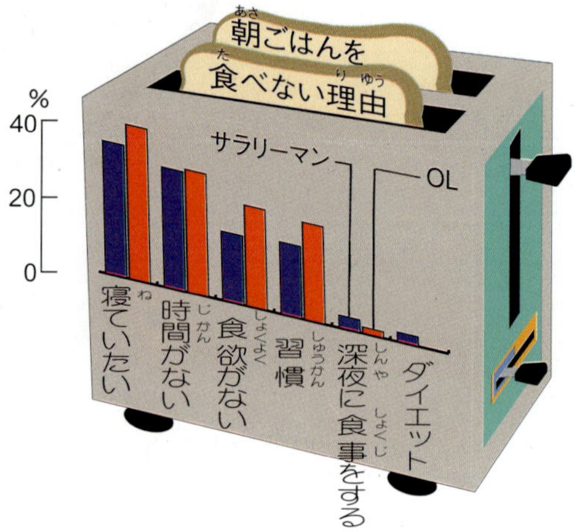

（出所）ライフデザイン研究所
「ひとり暮らしサラリーマン・OLの食生活」

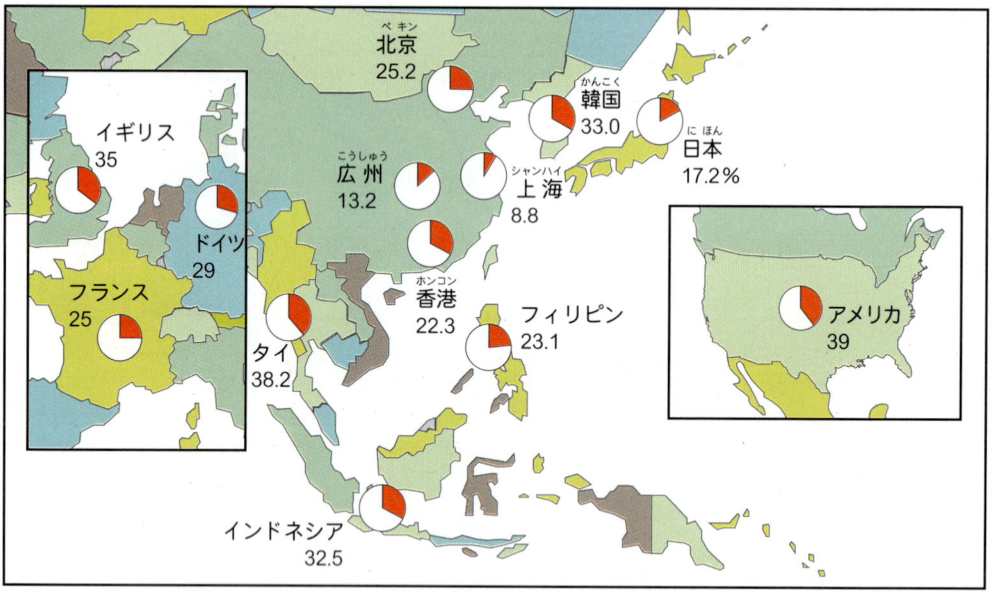

（注）94年、アジア太平洋栄養諮問委員会調べ。米、英、独、仏の4国は95年、米ケロッグ社調べ。

日本経済新聞（1996年11月18日）

朝ごはんを食べない人が増えてきた。

最近、朝ごはんを食べない人が増えてきた。

毎年、厚生省は日本人の食事についてアンケート調査をする。その中に「毎日朝ごはんを食べますか。」という質問がある。この質問に対して、「食べない。」と答えた人が十五パーセントいた。特に二十代の男性が多くて、食べない人が約四十パーセントもいた。

どうして朝ごはんを食べない若い人が多いのだろうか。それは、夜ふかしをする人が増えたからだ。夜中にお菓子などを食べながらテレビを見たり、音楽を聞いたりする。そのため、朝、食欲がなくなる。また、遅く起きるので、朝ごはんを食べる時間もなくなる。

朝ごはんを食べない人は、日本だけでなく、ほかのアジアの国でも増えている。一九九六年の調査によると、いちばん多かったのはタイで三十八パーセントだった。

しかし、朝ごはんを食べないのは体によくない。栄養のバランスが悪くなって、病気になる人もいる。また、朝ごはんを食べない人は食べる人より仕事や勉強の能率が悪いそうだ。

朝ごはんは大切だ。今朝、朝ごはんを食べなかった人は早く寝て、明日から朝ごはんをしっかり食べよう。

文型 sentence pattern

4 夜中にお菓子などを食べ**ながら**テレビを見たり、音楽を聞いたりする。

(1) 私は毎朝、コーヒーを飲みながら新聞を読みます。

(2) ときどき、テープを聞きながら学校へ来ます。

(3) 添乗員　今日の予定を説明します。スケジュール表を見ながら聞いてください。

客　はい。

練習問題

1 ＿＿にひらがなをひとつ書きなさい。

1. 佐藤さんはゆうべ遅く＿＿ ＿＿パソコン＿＿打っていました。

2. 朝ごはんを食べない＿＿ ＿＿体 ＿＿よくありません。
   栄養＿＿バランスが悪くなって、病気＿＿なる人もいます。

3. 友達＿＿いっしょ＿＿歌を歌う＿＿ ＿＿楽しいです。

4. 最近、日本＿＿ ＿＿結婚しない人＿＿増えています。

2 「～ながら」を使って書きなさい。

1. 

何をしていますか。

＿＿＿＿＿＿＿＿＿＿＿＿＿＿＿＿＿＿＿＿

＿＿＿＿＿＿＿＿＿＿＿＿＿＿＿＿＿＿＿＿

2. 

何をしていますか。

＿＿＿＿＿＿＿＿＿＿＿＿＿＿＿＿＿＿＿＿

＿＿＿＿＿＿＿＿＿＿＿＿＿＿＿＿＿＿＿＿

3. 

何をしていますか。

＿＿＿＿＿＿＿＿＿＿＿＿＿＿＿＿＿＿＿＿

＿＿＿＿＿＿＿＿＿＿＿＿＿＿＿＿＿＿＿＿

3 グラフや表を見て＿＿＿に適当な言葉を、［　　］に数字を書きなさい。

1. 日本へ来る外国人の数が＿＿＿＿＿＿＿＿

1980 年は約［　　　］万人だったが、

1997 年は約［　　　］万人になった。

これからも＿＿＿＿＿＿＿＿だろう。

日本へ来る外国人の数

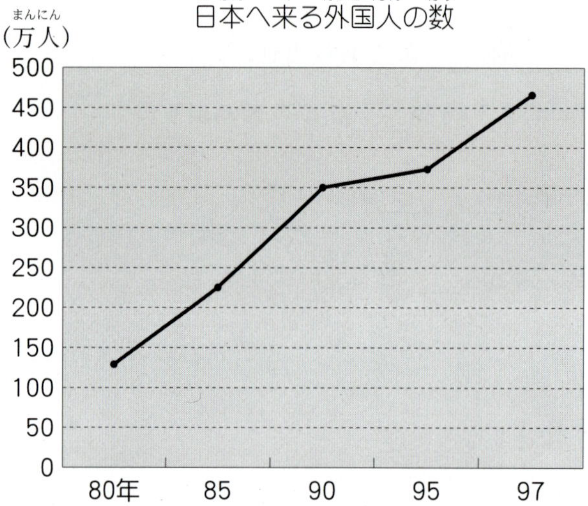

(万人)

1980 年	129
1985 年	225
1990 年	350
1995 年	373
1997 年	446

出典　「日本統計年鑑」(1999年)

2. 東京では小学生の数が＿＿＿＿＿＿＿＿

1979 年は［　　　］人だったが、

1998 年は［　　　］人になった。

これからも＿＿＿＿＿＿＿＿だろう。

東京の小学生の数

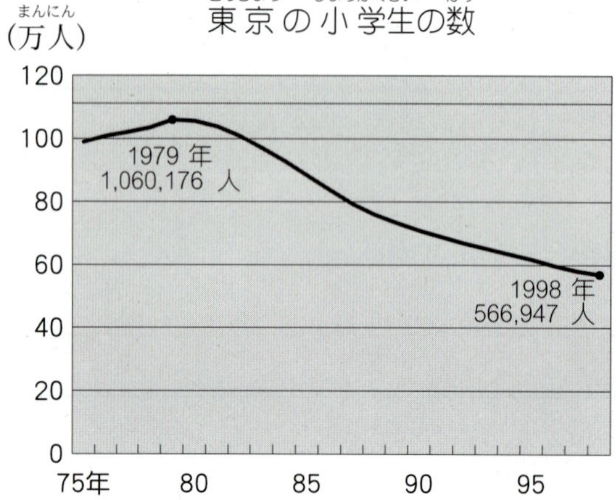

出典　「暮らしととうけい'99」(東京都)

4 本文2を読んで＿＿に適当な言葉を、□に数字を書きなさい。

- 最近、＿＿＿＿＿＿＿＿人が増えてきた。
- 「毎日朝ごはんを食べますか。」という質問に対して、
  食べないと答えた人（全体）　…　□　%
  ＊＿＿＿＿＿＿＿＿男性　…　約40％
- 朝ごはんを食べない若い人が多い。
  理由：＿＿＿＿＿＿＿＿＿＿＿＿＿＿からだ。
- 朝ごはんを食べない人は他のアジアの国でも増えている。
  タイ　…　□　%
  ＿＿＿＿＿＿＿＿　…　33％
  ＿＿＿＿＿＿＿＿　…　32.5％
- ＿＿＿＿＿＿＿＿のは体によくない。
- 今朝＿＿＿＿＿＿＿＿＿＿人は早く寝て、朝ごはんをしっかり食べよう。

復習（ふくしゅう）

1 て形（けい）

1. 表（ひょう）を完成（かんせい）しなさい。

～ます	グループ	辞書形（じしょけい）	て形（けい）	～ます	グループ	辞書形（じしょけい）	て形（けい）
飲（の）みます				泳（およ）ぎます			
入（い）れます				行（い）きます			
言（い）います				乗（の）ります			
決（き）めます				結婚（けっこん）します			
覚（おぼ）えます				慣（な）れます			
持（も）ちます				聞（き）きます			
入（はい）ります				作（つく）ります			
来（き）ます				終（お）わります			
呼（よ）びます				手伝（てつだ）います			
撮（と）ります				疲（つか）れます			
勤（つと）めます				待（ま）ちます			
します				遊（あそ）びます			

2. (　　)の言葉を適当な形にして、＿＿に書きなさい。

1) **～てください。**（☞ 9課－文型2）

・3時にロビーへ＿＿＿＿＿＿＿＿＿＿＿＿＿＿＿＿

（来る）

・すみません、もう一度＿＿＿＿＿＿＿＿＿＿＿＿＿＿＿＿

（言う）

2) **～てもいいですか。**（☞ 9課－文型4）

・朝、おふろに＿＿＿＿＿＿＿＿＿＿＿＿＿＿＿＿

（入る）

・すみません、たばこを＿＿＿＿＿＿＿＿＿＿＿＿＿＿＿＿

（吸う）

3) **～てはいけません。**（☞ 9課－文型5）

・教室でジュースを＿＿＿＿＿＿＿＿＿＿＿＿＿＿＿＿

（飲む）

4) **～て、＿＿。**（☞ 9課－文型9）

・キャッシュカードを＿＿＿＿＿＿＿＿＿＿、暗証番号を押してください。

（入れる）

・昨日、図書館へ＿＿＿＿＿＿＿＿＿＿＿＿＿＿＿＿、本を借りました。

（行く）

5) **～ています。**（☞ 10課－文型3）

・木村さんは今、写真を＿＿＿＿＿＿＿＿＿＿＿＿＿＿＿＿

（撮る）

6) **～ています。**（☞ 11 課（か）－文型（ぶんけい）2）

・私（わたし）の家族（かぞく）はタイに＿＿＿＿＿＿＿＿＿＿＿＿＿＿＿＿＿＿
（住（す）む）

・*A* アルンさんはアルバイトをしていますか。

B いいえ、＿＿＿＿＿＿＿＿＿＿＿＿＿＿＿＿＿＿
（する）

7) **～てから、＿＿。**（☞ 11 課（か）－文型（ぶんけい）3）

・高校（こうこう）を＿＿＿＿＿＿＿＿＿＿＿＿＿＿＿＿＿、会社（かいしゃ）に勤（つと）めていました。
（卒業（そつぎょう）する）

2 基本体

1. 表を完成しなさい。

基本体現在	食べます	食べる	食べません	食べない
	書きます		書きません	
	来ます		来ません	
	あります		ありません	
	高いです		高くありません	
	きれいです		きれいじゃありません	
	いいです		よくありません	
	問題です		問題じゃありません	
基本体過去	見ました	見た	見ませんでした	見なかった
	行きました		行きませんでした	
	しました		しませんでした	
	ありました		ありませんでした	
	大変でした		大変じゃありませんでした	
	おもしろかったです		おもしろくありませんでした	
	よかったです		よくありませんでした	

2. (　　)の言葉を適当な形にして、＿＿に書きなさい。

1) ＿＿のが＿＿。(☞11課－文型7)

・私は本を＿＿＿＿＿＿＿＿＿＿のが好きです。
(読みます)

2) ＿＿と、＿＿。(☞12課－文型6)

・コーヒーに砂糖を＿＿＿＿＿＿＿＿＿＿と、甘くなります。
(入れます)

・この辺は、夜に＿＿＿＿＿＿＿＿＿＿と、静かになります。
(なります)

3) ＿＿＋名詞 (☞13課－文型3)

・アルンさんはよく＿＿＿＿＿＿＿＿＿＿学生です。
(勉強します)

・*A*　どの人が田中さんですか。
B　コーヒーを＿＿＿＿＿＿＿＿＿＿人です。
(飲んでいます)

4) ＿＿と思います。(☞13課－文型4)

・チンさんはよく＿＿＿＿＿＿＿＿＿＿と思います。
(勉強します)

・東京のバスはあまり＿＿＿＿＿＿＿＿＿＿と思います。
(便利じゃありません)

5) ＿＿からです。(☞13課－文型5)

・*A*　この辞書はあまり＿＿＿＿＿＿＿＿＿＿と思います。
(よくありません)
B　どうして＿＿＿＿＿＿＿＿＿＿と思いますか。
(よくありません)

A　言葉が＿＿＿＿＿＿＿＿＿＿からです。
（古いです）

6)　＿＿し、＿＿し、＿＿。（☞13課－文型6）

・東京には大きい店も＿＿＿＿＿＿＿＿＿＿し、
（あります）
学校も＿＿＿＿＿＿＿＿＿＿し、本当に便利だと思います。
（多いです）

7)　＿＿から、＿＿。（☞13課－文型8）

・日本人の友達がおおぜい＿＿＿＿＿＿＿＿＿＿から、楽しいです。
（います）

8)　＿＿時は、＿＿。（☞13課－文型9）

・問題が＿＿＿＿＿＿＿＿＿＿時は、先生に相談します。
（あります）

・講義が＿＿＿＿＿＿＿＿＿＿時は、友達に聞きます。
（わかりません）

9)　＿＿ので、＿＿。（☞14課－文型2）

・休憩時間が＿＿＿＿＿＿＿＿＿＿ので、私はバスを降りませんでした。
（短かったです）

・母が＿＿＿＿＿＿＿＿＿＿ので、国へ帰ります。
（病気です）

10)　～たり、～たり＿＿。（☞14課－文型3）

・昨日は暇だったので、家で本を＿＿＿＿＿＿＿＿＿＿り、
（読みました）
テレビを＿＿＿＿＿＿＿＿＿＿りしました。
（見ました）

11) **＿＿んです。**（☞ 16 課－文型 1）

・*A* 昨日、どうして＿＿＿＿＿＿＿＿＿＿＿＿んですか。
（休みました）

B おなかが＿＿＿＿＿＿＿＿＿＿＿＿んです。
（痛かったです）

・*A* 国へ＿＿＿＿＿＿＿＿＿＿＿＿んですか。
（帰ります）

B ええ。祖母が＿＿＿＿＿＿＿＿＿＿＿＿んです。
（病気です）

12) **＿＿かもしれません。**（☞ 16 課－文型 3）

・ハワイで病気に＿＿＿＿＿＿＿＿＿＿＿＿から、薬を持って行きます。
（なります）

・明日は＿＿＿＿＿＿＿＿＿＿＿＿かもしれません。
（雨が降ります）

13) **＿＿まで＿＿。**（☞ 16 課－文型 5）

・名前を＿＿＿＿＿＿＿＿＿＿＿＿まで、ここでお待ちください。
（呼びます）

14) **＿＿前に、＿＿。**（☞ 16 課－文型 6）

・薬を＿＿＿＿＿＿＿＿＿＿＿＿前に、注意書きをよく読んでください。
（飲みます）

15) **～た後(で)、＿＿。**（☞ 16 課－文型 6）

・これは痛みどめです。
ごはんを＿＿＿＿＿＿＿＿＿＿＿＿後で、飲んでください。
（食べました）

16) ＿＿でしょう。（☞ 17 課－文型 1）

・明日は＿＿＿＿＿＿＿＿＿＿＿＿でしょう。
（晴れます）

・沖縄、九州地方は＿＿＿＿＿＿＿＿＿＿＿＿でしょう。
（雨です）

17) *A* ＿＿でしょうか。（☞ 17 課－文型 4）
B ＿＿だろうと思います。

・*A* 新宿に広くて安いアパートは＿＿＿＿＿＿＿＿＿＿＿＿でしょうか。
（あります）

B たぶん＿＿＿＿＿＿＿＿＿＿＿＿だろうと思いますよ。
（ありません）

18) ＿＿と言っていました。（☞ 17 課－文型 5）

・弟は野球を＿＿＿＿＿＿＿＿＿＿＿＿と言っていました。
（見に行きます）

・私の友達が先週北海道へ行ったんですが、
とても＿＿＿＿＿＿＿＿＿＿＿＿と言っていました。
（寒かったです）

19) ＿＿そうです。（☞ 17 課－文型 6）

・天気予報によると、明日は雪が＿＿＿＿＿＿＿＿＿＿＿＿そうです。
（降ります）

・*A* 駅のそばの新しいレストランへ行きましたか。
B いいえ。
A 魚がとても＿＿＿＿＿＿＿＿＿＿＿＿そうですよ。
（新鮮です）

3 ます形

1.

1) **〜方**（☞ 9課－文型8）

・この漢字の読み方を教えてください。

2) **〜に**（☞ 11課－文型5）

・本屋へ辞書を買いに行きます。
・日曜日に友達の家へ遊びに行きました。

3) **〜たいです。**（☞ 11課－文型9）

・将来、日本の会社に就職したいです。

4) **〜にくいです。**（☞ 13課－文型7）

・辞書の字は小さくて読みにくいです。
・この本は絵が多くてわかりやすいです。

5) **〜すぎる**（☞ 15課－文型5）

・お酒を飲みすぎると、頭が痛くなります。

6) **〜ましょう。**（☞ 15課－文型10）

・*A* 12時ですよ。早くごはんを食べに行きましょう。
B そうですね。じゃ、行きましょう。

7) **〜ませんか。**（☞ 17課－文型2）

・*A* ここでお弁当を食べませんか。
B いいですね。

2. (　　)の言葉を適当な形にして＿＿に書きなさい。

1) 友達のうちへ＿＿＿＿＿＿＿＿に行きました。
(遊ぶ)

2) いっしょに部屋を見に＿＿＿＿＿＿＿＿ましょう。
(行く)

3) この本は絵が多くて＿＿＿＿＿＿＿＿やすいです。
(わかる)

4) この学校を卒業してから、ファッションの勉強を＿＿＿＿＿＿＿＿たいです。
(する)

5) A　バス、来ませんね。
B　そうですね。
A　＿＿＿＿＿＿＿＿ませんか。
(歩く)
B　そうしましょう。

6) パソコンを＿＿＿＿＿＿＿＿すぎると、目が赤くなります。
(打つ)

7) すみません、コインランドリーの＿＿＿＿＿＿＿＿方を教えてください。
(使う)

4 い形容詞(けいようし)とな形容詞(けいようし)

1.

1) **い形容詞 + 名詞** (☞3課－文型2)

・A この**赤い**ボールペンは誰のですか。
　B それは吉田さんのです。

2) **な形容詞 + 名詞** (☞4課－文型3)

・この**きれいな**傘は小野さんのです。

3) **い形容詞 + い形容詞 + 名詞** (☞7課－文型6)

・A どんな財布ですか。
　B **赤くて小さい**財布です。

4) **な形容詞 + な形容詞 + 名詞** (☞7課－文型6)

・A どんな店ですか。
　B **静かできれいな**店です。

5) **な形容詞 + 動詞** (☞9課－文型7)

・各階に洗面所と台所がありますから、**自由に**使ってください。

6) **い形容詞 + 動詞** (☞12課－文型4)

・たまねぎを**薄く**切ります

7) **い形容詞** / **な形容詞** / **(名詞)** } + **なります。**(☞12課－文型5)

・東京では7月ごろから気温が**高く**なります。
・前はさしみが嫌いでしたが、今は**好きに**なりました。

・ここは小さい旅館でしたが、来年大きいホテルになります。

8) **い形容詞＋すぎます。**（☞ 15 課－文型 5）

・A　この部屋はどうですか。
　B　そうですね。ちょっと狭すぎます。

2.（　　）の言葉を適当な形にして＿＿に書きなさい。

1) 砂糖を入れると＿＿＿＿＿＿＿＿＿＿なります。
　（甘い）

2) これから漢字のテストをします。＿＿＿＿＿＿＿＿＿＿書いてください。
　（きれい）

3) 三鷹の部屋は駅から＿＿＿＿＿＿＿＿＿＿すぎます。
　（遠い）

4) ゆうべ＿＿＿＿＿＿＿＿＿＿帰りました。
　（遅い）

5) 前は納豆が嫌いでしたが、＿＿＿＿＿＿＿＿＿＿なりました。
　（好き）

6) 文化病院は＿＿＿＿＿＿＿＿＿＿きれいな病院です。
　（大きい）

7) ハワイの魚は＿＿＿＿＿＿＿＿＿＿おいしかったです。
　（新鮮）

8) 駅前のレストランは＿＿＿＿＿＿＿＿＿＿おいしいです。
　（安い）

9) 学生会館のパーティーは＿＿＿＿＿＿＿＿＿＿楽しかったです。
　（にぎやか）

10) A　あのう、財布を落としました。
　B　どんな財布ですか。
　A　＿＿＿＿＿＿＿＿＿＿大きい財布です。
　（丸い）

5 助詞

1.

の

1) 今日のテストは9時10分から10時までです。(☞ 1 課)
2) それは吉田さんのかばんです。(☞ 2 課)
3) 日本での生活は楽しいですか。(☞ 13 課)

と

1) 学校の休みは土曜日と日曜日です。(☞ 1 課)
2) 私はいつもチンさんといっしょに昼ごはんを食べます。(☞ 11 課)
3) この学校の留学生はよく勉強すると思います。(☞ 13 課)
4) 弟は友達と野球を見に行くと言っていました。(☞ 17 課)

を

1) 朝、コーヒーを飲みます。(☞ 6 課)
2) 2時10分に東京駅を出ます。(☞ 10 課)
3) 渋谷で電車を降ります。(☞ 10 課)

へ

1) 毎日学校へ行きます。(☞ 6 課)

に

1) テーブルの上にケーキとコーヒーがあります。(☞ 5 課)
2) 毎朝、7時半に起きます。(☞ 6 課)
3) 新宿で電車に乗ります。(☞ 10 課)
4) 渋谷で東横線に乗り換えます。(☞ 10 課)
5) 3時に横浜に着きます。(☞ 10 課)

6) マリーさんは横浜に住んでいます。(☞ 11 課)

7) 日本へファッションの勉強をしに来ました。(☞ 11 課)

8) マリーさんはよくファッションショーに行きます。(☞ 11 課)

9) 私は将来アナウンサーになりたいです。(☞ 11 課)

10) なべに油を入れます。(☞ 12 課)

11) 薬を飲む前に注意書きを読んでください。(☞ 16 課)

で

1) うちでテレビを見ます。(☞ 6 課)

2) 新宿から渋谷まで電車で行きます。(☞ 10 課)

3) なべで炒めます。(☞ 12 課)

4) 私は果物の中でいちごがいちばん好きです。(☞ 15 課)

5) ごはんを食べた後で、歯をみがきます。(☞ 16 課)

や

1) 駅のそばにデパートや病院などがあります。(☞ 5 課)

も

1) これは吉田さんのテープです。あれも吉田さんのです。(☞ 2 課)

2) *A* 何か買いましたか。

B いいえ、何も買いませんでした。(☞ 7 課) [どこへも、どこにも]

3) 飛行機の切符を予約しました。ホテルも予約しました。(☞ 8 課)

4) 関東バスも西武バスも通ります。(☞ 15 課)

は

1) テストは 9 時 10 分から 10 時までです。(☞ 1 課)

2) この階にお手洗いはありますか。(☞ 5 課)

3) うちでは食べません。外で食べます。(☞ 6 課)

4) 昼はちょっと暑かったですが、朝と夜はあまり暑くありませんでした。(☞ 8 課)

が

1) *A* テーブルの上(うえ)に何(なに)**が**ありますか。(☞ 5 課(か))

   B ケーキとコーヒー**が**あります。

2) 私(わたし)はロック**が**好(す)きです。(☞ 6 課(か))

3) ホテルの部屋(へや)は静(しず)かでした**が**、狭(せま)かったです。(☞ 8 課(か))

4) *A* スポーツの中(なか)で何(なに)**が**いちばん好(す)きですか。(☞ 15 課(か))

   B 水泳(すいえい)**が**いちばん好(す)きです。

＿＿は＿＿が＿＿＿＿＿＿。

1) この部屋(へや)**は**台所(だいどころ)**が**狭(せま)いです。(☞ 15 課(か))

から

1) テストは 9 時(じ) 10 分(ぷん)**から** 10 時(じ)までです。(☞ 1 課(か))

2) ホテルは空港(くうこう)**から**あまり近(ちか)くありませんでした。(☞ 8 課(か))

3) 東京(とうきょう)**から**熱海(あたみ)まで新幹線(しんかんせん)で行(い)きます。(☞ 10 課(か))

4) *A* この辞書(じしょ)はあまりよくないと思(おも)います。(☞ 13 課(か))

   B どうしてよくないと思(おも)いますか。

   A 言葉(ことば)が古(ふる)い**から**です。

まで

1) 銀行(ぎんこう)は 9 時(じ)から 3 時(じ)**まで**です。(☞ 1 課(か))

2) 熱海(あたみ)から下田(しもだ)**まで**バスで行(い)きます。(☞ 10 課(か))

3) 治(なお)る**まで**おふろに入(はい)らないでください。(☞ 16 課(か))

か

1) 私(わたし)は朝(あさ)、コーヒー**か**紅茶(こうちゃ)を飲(の)みます。(☞ 6 課(か))

2) *A* 何(なに)**か**買(か)いましたか。(☞ 7 課(か))

   B はい、切手(きって)を買(か)いました。

2. ____にひらがなをひとつ書きなさい。

1) 日本____郵便局は９時____ ____５時____ ____です。

2) *A* これは誰____ノートですか。

   B それは私のです。

3) 冷蔵庫の中____ビールとおさしみがあります。

4) *A* すみません。小田急デパートはどこ____ありますか。

   B 西口____あります。

5) 学校のそば____銀行____喫茶店などがあります。

6) *A* 電話の横____誰____いますか。

   B リンさん____います。

7) 毎朝６時____起きて、新聞____読みます。

8) *A* 日曜日____何をしますか。

   B うち____本____読みます。

9) *A* いつも、どこ____昼ごはん____食べますか。

   B そば屋____学校の食堂____食べます。

10) *A* このバスは新宿へ行きますか。

    B いいえ、新宿____ ____行きません。池袋____行きます。

11) 佐藤さんはクラシック音楽____好きです。

12) *A* 昨日、どこかへ行きましたか。

    B いいえ、どこ____ ____行きませんでした。

13) *A* 何____おいしかったですか。

    B パイナップル____おいしかったです。魚____新鮮でおいしかったです。

14) 私の部屋は古いです____、広いです。

15) *A* よくスポーツをしますか。

    B 国____ ____よくしましたが、日本____ ____ぜんぜんしません。

16) *A* 朝、おふろ____入ってもいいですか。

    B ええ、いいですよ。

17) いつもコーヒー___砂糖(さとう)とミルク___入(い)れて飲(の)みます。

18) 部屋(へや)の中(なか)___料理(りょうり)をしてはいけません。

19) 中央線(ちゅうおうせん)と京葉線(けいようせん)___ディズニーランド___行(い)きます。

20) 新宿(しんじゅく)___中央線(ちゅうおうせん)___乗(の)って、東京(とうきょう)___電車(でんしゃ)___降(お)ります。

21) 東京(とうきょう)___京葉線(けいようせん)___乗(の)り換(か)えます。

22) 10時(じ)___新宿(しんじゅく)___出(で)て、10時(じ)56分(ぷん)___舞浜(まいはま)___着(つ)きます。

23) A 林(はやし)さんはどこですか。

B 売店(ばいてん)の前(まえ)___アイスクリーム___食(た)べています。

24) 私(わたし)の姉(あね)はフランス___住(す)んでいます。

25) 友達(ともだち)___いっしょにロックのコンサート___行(い)きます。

26) 私(わたし)は将来(しょうらい)、先生(せんせい)___なりたいです。

27) ボールペン___書(か)いてください。

28) ディズニーランド___ ___行(い)き方(かた)を教(おし)えてください。

29) うちのそばにはスーパー___小(ちい)さい店(みせ)___あるから便利(べんり)です。

30) 三鷹(みたか)のアパートは駅(えき)___ ___遠(とお)いです。

31) A 果物(くだもの)の中(なか)___何(なに)___いちばん好(す)きですか。

B パイナップル___いちばん好(す)きです。

32) 私(わたし)の部屋(へや)___窓(まど)___小(ちい)さいです。

33) この薬(くすり)はごはんを食(た)べた後(あと)___、飲(の)んでください。

34) A アルンさんはどこですか。

B 気分(きぶん)が悪(わる)い___言(い)っていました___ ___、医務室(いむしつ)へ行(い)ったんじゃありませんか。

6 正しいものに○をつけなさい。

1. A これは { a. どんな教科書ですか。 / b. 誰の教科書ですか。 / c. どれ教科書ですか。 }

   B あ、それは私のです。

2. A あのう、山本さんは { a. どこですか。 / b. 誰ですか。 / c. どんな人ですか。 }

   B 教室にいると思いますよ。

3. A マリーさんのお母さんは { a. どこですか。 / b. どの人ですか。 / c. どんな人ですか。 }

   B とても親切な人です。

4. A いつも { a. いつ / b. どのぐらい / c. 何時に } 日本語を勉強しますか。

   B 2時間ぐらいです。

5. A ハワイの天気は { a. どうですか。 / b. どうでしたか。 / c. どうしたんですか。 }

   B とてもよかったです。

6. A { a. どうですか。 / b. どうするんですか。 / c. どうしたんですか。 }

   B テストがとても悪かったんです。

7. *A* すみません。この食堂(しょくどう)を
- a. どうですか。
- b. どう思(おも)いますか。
- c. どうと思(おも)いますか。

B 安(やす)くていいと思(おも)います。

8. *A* いつも
- a. 誰(だれ)が帰(かえ)りますか。
- b. 誰(だれ)と帰(かえ)りますか。
- c. 誰(だれ)に帰(かえ)りますか。

B 一人(ひとり)で帰(かえ)ります。

9. マリー　ワンさんの国(くに)では
- a. 何(なに)で
- b. 何(なに)に
- c. どんな

ごはんを食(た)べますか。

ワン　おはしですよ。

10. *A* すみません。
- a. どんな人(ひと)が
- b. どの人(ひと)が
- c. どれが

吉田(よしだ)さんですか。

B あの人(ひと)です。今電話(いまでんわ)をしている人(ひと)です。

11. *A* 野球(やきゅう)とサッカーと
- a. どれが
- b. どれのほうが
- c. どちらのほうが

人気(にんき)がありますか。

B そうですね。サッカーのほうが人気(にんき)があると思(おも)います。

12. *A* 果物(くだもの)の中(なか)で
- a. どれが
- b. どちらのほうが
- c. 何(なに)が

いちばん好(す)きですか。

B いちごがいちばん好(す)きです。

13. *A* 一年(いちねん)で
- a. どれが
- b. いつが
- c. 何(なに)が

いちばん暑(あつ)いですか。

B 8月(がつ)だと思(おも)います。

14. *A* そばとうどんとラーメンの中で { a. どれが / b. どこが / c. 何が } いちばん好きですか。

B そばです。

15. *A* ディズニーランドへ行く時は、{ a. どこを / b. どこで / c. 何を } 降りるんですか。

B 舞浜駅ですよ。それから5分ぐらい歩きます。

16. *A* 東京から熱海まで { a. 何に / b. 何を / c. 何で } 行ったんですか。

B 新幹線です。

助数詞表(じょすうしひょう)

	月(がつ)	時(じ)	年(ねん)	番(ばん)	円(えん)	キロ
1	いちがつ	いちじ	いちねん	いちばん	いちえん	いちキロ
2	にがつ	にじ	にねん	にばん	にえん	にキロ
3	さんがつ	さんじ	さんねん	さんばん	さんえん	さんキロ
4	しがつ	よじ	よねん	よんばん	よえん	よんキロ
5	ごがつ	ごじ	ごねん	ごばん	ごえん	ごキロ
6	ろくがつ	ろくじ	ろくねん	ろくばん	ろくえん	ろっキロ
7	しちがつ	しちじ	ななねん しちねん	ななばん	ななえん	ななキロ しちキロ
8	はちがつ	はちじ	はちねん	はちばん	はちえん	はちキロ はっキロ
9	くがつ	くじ	きゅうねん	きゅうばん	きゅうえん	きゅうキロ
10	じゅうがつ	じゅうじ	じゅうねん	じゅうばん	じゅうえん	じっキロ
?	なんがつ	なんじ	なんねん	なんばん	なんえん	なんキロ
他(ほか)の助数詞(じょすうし)		時間目(じかんめ) 時間(じかん)		号(ごう)、畳(じょう)、枚(まい) 度(ど)、名(めい)、便(びん) 錠(じょう) グラム〈g〉 メートル〈m〉 ミリ〈mm〉		組(くみ) パーセント〈%〉 シーシー〈cc〉 キロ〈km〉
注(ちゅう)						※6(ろく)パーセント 6(ろく)シーシー

歳(さい)	回(かい)	個(こ)	分(ふん)	本(ほん)	人(にん)	日(にち)（日数(にっすう)）
いっさい	いっかい	ひとつ いっこ	いっぷん	いっぽん	ひとり	いちにち
にさい	にかい	ふたつ にこ	にふん	にほん	ふたり	ふつか
さんさい	さんかい	みっつ さんこ	さんぷん	さんぼん	さんにん	みっか
よんさい	よんかい	よっつ よんこ	よんぷん	よんほん	よにん	よっか
ごさい	ごかい	いつつ ごこ	ごふん	ごほん	ごにん	いつか
ろくさい	ろっかい	むっつ ろっこ	ろっぷん	ろっぽん	ろくにん	むいか
ななさい	ななかい	ななつ ななこ	ななふん	ななほん	しちにん ななにん	なのか
はっさい	はっかい	やっつ はちこ	はっぷん はちふん	はっぽん	はちにん	ようか
きゅうさい	きゅうかい	ここのつ きゅうこ	きゅうふん	きゅうほん	きゅうにん	ここのか
じっさい	じっかい	とお じっこ	じっぷん	じっぽん	じゅうにん	とおか
なんさい	なんかい	いくつ なんこ	なんぷん	なんぼん	なんにん	なんにち
週間(しゅうかん)、冊(さつ) 種類(しゅるい) センチ〈cm〉 ページ	階(かい)、か月(げつ) 校(こう)		泊(はく)			日間(にちかん)
※20歳(はたち)	※ 3階(さんがい)					

후기

1984년에『文化日本語Ⅰ・Ⅱ』작성위원회가 발족되고 1987년 4월에 출판된 후 10여 년 동안, 많은 분들로부터 받은 의견을 검토하는 과정에서 개정판 출판의 필요성을 깨닫게 되었습니다.

그래서, 1996년 4월에『文化日本語Ⅰ・Ⅱ』개정위원회를 발족하고, 개정을 위한 기초 연구를 시작하여, 시범 작성・시범 활용・개정을 거쳐, 이번에『新文化日本語Ⅰ・Ⅱ』를 출판하게 되었습니다.

1996년에 개정 프로젝트가 조직되고 나서, 학교 안팎의 많은 분들에게 협력과 조언을 얻었습니다. 특히 기초 연구 단계에서 협력해 주신 본교 교직원 名取伸子 선생님을 비롯해 수업에서 시작(試作)을 사용해 주신 본교 선생님과 학생 여러분께 이 자리를 빌어 진심으로 감사드립니다.

앞으로 많은 분들로부터 이 책에 대한 조언을 받을 수 있기를 바랍니다.

2000년 1월

久野由宇子

国頭美紀

廣田周子

西村学

집필자

文化日本語 I・II

保崎優 편집위원장
山本真紀代
堀内みね子
馬場良二
斉藤眞理子
原方子
小川京子
久野由宇子
三国純子
大野春見

新文化日本語 I・II

久野由宇子
国頭美紀
廣田周子
西村学

자료 제공

이 책을 만들면서 다음과 같은 분들의 협조를 받았습니다.
이 자리를 빌어 감사의 말씀을 드립니다. 경칭은 생략했습니다.

〈문장 제공〉 日本経済新聞社

〈자료・정보 제공〉 日本経済新聞社
『日本統計年鑑』(平成10, 11年)
『厚生白書』(平成10年)
日本たばこ産業

〈사진〉 タミ・アート　田中民子

〈일러스트〉 大野春見　深田みのり 외

SHIN Bunka Japanese 1

초판발행	2000년 7월 5일
1판 32쇄	2022년 10월 20일

저자	文化外国語専門学校 日本語課程
책임 편집	조은형, 무라야마 토시오, 김성은, 손영은
펴낸이	엄태상
콘텐츠 제작	김선웅, 장형진
마케팅	이승욱, 왕성석, 노원준, 조성민, 이선민
경영기획	조성근, 최성훈, 정다운, 김다미, 최수진, 오희연
물류	정종진, 윤덕현, 신승진, 구윤주

펴낸곳	시사일본어사(시사북스)
주소	서울시 종로구 자하문로 300 시사빌딩
주문 및 교재 문의	1588-1582
팩스	0502-989-9592
홈페이지	www.sisabooks.com
이메일	book_japanese@sisadream.com
등록일자	1977년 12월 24일
등록번호	제 300 - 2014 - 92호

日本文化外国語専門学校 와 라이선스 독점 출판

ISBN 978 -89-402-0630-0 18730
978 -89-402-0626-3 18730 [set]